中国产业智库报告

中国社会科学院工业经济研究所

# 新常态下的消费增长与工业转型发展

刘勇等 / 著

经济管理出版社

ECONOMY & MANAGEMENT PUBLISHING HOUSE

# 课题组成员

**课题组负责人**

刘　勇　中国社会科学院工业经济研究所投资市场室主任、
　　　　研究员

**课题组成员**

葛　健　中国社会科学院工业经济研究所副研究员

耿　强　南京大学国际商学院教授

王建武　国土资源部不动产登记中心副研究员

江飞涛　中国社会科学院工业经济研究所副研究员

彭绍仲　中国社会科学院工业经济研究所副研究员

吕　宁　中国社会科学院工业经济研究所助理研究员

胡文龙　中国社会科学院工业经济研究所助理研究员

柴梦婕　中国社会科学院研究生院工业经济系硕士研究生

史耀庭　中国社会科学院研究生院工业经济系硕士研究生

# 总　序

2015 年 1 月 20 日，中共中央和国务院下发了《关于加强中国特色新型智库建设的意见》，我国智库建设迎来了春天。当前，无论是中央还是地方，无论是高校还是科研机构，无论是官方还是民间，都高度重视智库建设。借智库建设的春风，中国社会科学院工业经济研究所推出了《中国产业智库报告》丛书。收录于本丛书的主要是工业经济研究所研究人员撰写的、体现智库功能的、可以公开的研究报告。

中国社会科学院工业经济研究所成立于 1978 年，定位于以马克思主义为指导，基于产业经济、区域经济、企业管理三个学科领域的最高学术殿堂和党中央国务院的重要思想库、智囊团。作为国家级专业智库，中国社会科学院工业经济研究所在产业经济、区域经济和企业管理三大学科具有国内领先优势，在决策咨询上具有优良的传统，在发挥智库功能方面具有丰富的经验积累、成果基础和人才沉淀。长期以来，工业经济研究所在历任所长马洪、蒋一苇、周叔莲、张卓元、陈佳贵、吕政、金碚等著名学者的组织领导下，在全体研究人员的共同努力下,圆满完成了党中央、国务院交办的众多科研任务,提供了大量的、高质量的研究成果,连续多年获得中国社会科学院优秀对策信息组织奖。工业经济研究所研究人员不仅参与党和政府重要报告及文件的起草,还长期参与国家和众多地区的社会经济发展规划和政策的研究与论证,同时还为企业的改革与发展提供咨询建议,完成了大量的研究报告、政策建议、调研报告、情况专报、咨询方案,锲而不舍地为我国经济发展贡献自己的专业知识和创造性劳动,在社会上产生了很好的影响。

高水平的专业智库,需要做到理论顶天、实践立地的"顶天立地"。在长期的智库建设过程中,中国社会科学院工业经济研究所不仅与国家部委、地方政府、企业等建立了长期的合作关系,能够做到及时了解和洞察实践的最新动向和"一手"需求,同时已经形成了一系列的支撑专业智库的学术平台,推动理论与实践的有机结合。一是工业经济研究所代管三个国家级学会——中国工业经济学会、中国企业管理研究会、中国区域经济学会,这三个学会通过开展学术年会、教材编写、专题研讨等各种形式的学术活动,形成了全国性的学术网络,组织全国高校、地方社科、党校系统以及企业的代表共同参与到智库和学科建设中;二是工业经济研究所主办的三本学术刊物——《中国工业经济》、《经济管理》和《中国经济学人》(英文),在学术界颇具影响,赢得了一系列荣誉,2015年,《中国经济学人》专门推出了《中国经济学人·智库》专刊;三是工业经济研究所主办了内部刊物《问题与对策》,专门刊登政策建议类的研究成果,向相关决策部门报送;四是工业经济研究所每年会主办"中国工业发展论坛"等各类学术会议,为政府、学术机构和企业等提供高水平的、面对面的学术交流平台。我们推出的《中国产业智库报告》丛书，是我们打造的又一个智库平台，旨在从工业经济研究所研究人员每年提供的大量研究报告中，选择出高水平的、可以公开的，研究问题具有普遍性、具有一定篇幅的研究报告，正式编辑出版，发挥国家级专业智库知识外溢效应，为我国经济发展做出贡献。

《中国产业智库报告》虽然名为"产业智库报告"，但研究主题不仅限于产业，而是将紧紧围绕我国全面建设小康社会和实现两个百年奋斗目标过程中的产业经济、区域经济和企业管理中重点、热点和难点问题，例如，工业经济运行监测与风险评估、制造业转型升级与发展、产业与企业竞争力、反垄断与政府管制、工业资源与环境、能源管理与能源经济、产业空间布局、区域经济协调发展、国有企业改革与发展、中小企业研究、企业管理创新等，提供具有国际一流水准的战略和对策咨询研究报告，为推进国家治理体系和治理能力现代化、把我国建设成为工业化强国，培育、积累和贡献专业化的智力资源。

我们正处于一个伟大的时代，只有努力工作才能无愧于这个伟大的时代，《中国产业智库报告》正是我们作为国家级专业智库的一点努力尝试，诚恳希望读者给予批评指正，以利于我们不断完善和进步！

黄群慧

2015 年 6 月

# 前　言

　　改革开放以来的中国经济增长堪称人类经济史上的奇迹。无论是需求侧消费水平的极大提高，还是供给侧生产能力的迅猛扩张，都标志着经济总量的高速增长。随着经济新常态的出现，生产低端化、过剩化与消费外部化、高端化之间的不协调正在引起越来越多的思考和关注。从理论上看，这种现象与经济增长动力过于依赖投资需求和低端外部需求有着密切的关系。

　　从 2000 年到 2010 年，中国经济的消费率由 63.7% 一直下降到 49.1%，达到改革开放以来的最低水平。其中，政府消费率从 16.7% 降至 13.1%，但降幅更为猛烈的是居民消费率，由 47.0% 持续降到 36.0%，对消费率下降的影响程度达到 73.0%；与此同时，投资率一路由 33.9% 持续上升到 47.2%。"十二五"时期以来，受外部经济环境的影响，内需尤其是国内消费需求对经济增长的支撑作用逐渐显现。消费率逐步回升，2014 年升至 51.4%，投资率也相应回落到 45.9%。在经济下行的走势下，消费需求增长稳定，经济增长第一拉动引擎的地位更趋牢固。

1

中国地域辽阔，经济发展不平衡，人民生活由温饱向小康过渡，无论是市场容量还是未来发展，潜力都无与伦比。对这样一个发展中大国来说，消费需求对经济增长的拉动力是保持经济持续、优质、较快发展的坚实基础。不仅如此，潜力巨大的内需市场更是实现中国工业由低端向高端跃升发展最重要的战略资源。

消费增长与工业转型发展息息相关。一方面，消费升级是产业升级的根本牵引动力。另一方面，中国尚处于工业化中期，还有相当数量从第一产业转移出来的劳动力需要在工业领域获得就业机会。因此，借助产业转型升级提升劳动效率仍然是当前提高劳动者收入的主要途径。此外，工业转型发展还是带动现代服务业发展的主要力量，对扩大相关产业就业进而扩大消费需求具有重要的战略意义。

本书是中国社会科学院工业经济研究所工业投资与市场研究室承担的创新工程"扩大内需与工业转型发展研究"（GJSCX2013-02）的阶段性成果，也是《中国产业智库报告》的系列成果之一。在本书中，我们首先在分析新常态下消费增长态势、升级动力与升级路径的基础上，梳理了制约消费增长的主要因素。之后，对扩大消费需求与工业转型发展的内在关系进行了较深入的理论分析和实证分析。本书的另一重要内容是对新常态下工业化和城市化协同发展、工业和服务业互动发展分别展开研究，意在识别、挖掘消费增长—城镇化—服务业发展—工业转型发展这四位一体之间的彼此作用和相互影响。

在已经开展的研究进程中，在有关协会和企业的支持下，我们曾对家电、钟表、自行车、文化用品等行业的转型升级进行了调查研究。我们在本书中把针对家电工业和钟表工业转型升级的研究成果纳入进来。最后，根据已获得的研究发现和结果，我们从确保居民收入稳定增长，提高边际消费倾向；推进新型城镇化，促进城乡消费互动；加快供给侧改革，推进工业转型升级；改革政府对产业发展的调控方式等方面，提出了围绕新常态下促进消费增长和工业转型发展的若干政策取向和对策建议。

《中共中央关于制定国民经济和社会发展第十三个五年规划的建议》提出，破解中国经济发展的困局，仅从需求侧着手已经很难有所突破，推进结构性改革需要从供给侧与需求侧双侧入手，尤其是要从提高供给质量出发，用改革的办法推进结构调整，矫正要素配置扭曲，扩大有效供给，提高供给结构对需求变化的适应性和灵活性，提高全要素生产率，使供给体系更好地适应需求结构变化。这既是中国经济发展面临的长期任务和艰巨挑战，也是一项极其复杂的重大课题。作为这一领域的一项探索性研究，本书难免挂一漏万，还需要做更细致的实践调查和更深入的学术探讨与辨析。

刘 勇

2015 年 11 月

# 目　录

# 第一章 导 论

进入 21 世纪以来，中国经济保持快速增长态势，但经济增长依靠投资和出口拉动的结构特征不仅没有消除，反而在不断强化。2000~2010 年，我国投资率由 35.3% 持续上升到 48.6%，而最终消费率却由 62.3% 一直下降到 47.4%，达到改革开放以来的最低点。其中，政府消费率从 15.9% 降至 13.6%，但降幅更为剧烈的是居民消费率，由 46.4% 持续降到 33.8%，对最终消费率下降的影响程度达到 84.6%。与世界部分国家人均国民总收入达到 3000 美元时的情形相比，我国居民消费率明显偏低。① 内需不足的直接原因是国民收入分配格局不断向政府和企业倾斜，以及由体制转轨与产权制度不合理所带来的居民收入差距过大。此外，还有生产因素、投资因素、政策因素、体制因素和信用缺失等原因。

其中，尤其值得一提的是生产因素，即供给不足制约消费

---

① 在选中的 12 个国家中，在人均国民总收入 3000 美元的年份，我国的居民消费率比最高的美国低 26.6 个百分点，比最低的马来西亚也低 13 个百分点。参见郑泽香：《人均国民总收入 3000 美元时的居民消费》，《中国统计》，2009 年第 11 期。

增长，特别是制约消费升级已经成为一个显性话题。近两年媒体热议的国人赴日本抢购马桶盖等消费品，明确无误地表明了我国消费者海外购物已由高档奢侈品延伸至高质量的日用消费品。工业转型升级滞后于消费升级，继收入因素之后正在成为制约消费增长的又一显著瓶颈。这种现象的成因恰恰就在于中国工业增长的动力过于依赖投资和出口（以垂直分工为主）。

进入 21 世纪以来，中国工业发展和结构调整取得积极进展，工业规模全球排名由第四位跃升为第二位，发展质量和水平大幅提升，自然而然地成为中国经济稳定发展的关键力量。但也应看到，中国工业发展还存在若干深层次的矛盾和问题。其中之一就是工业增长过于依赖投资和出口拉动。

随着对外开放扩大和经济快速发展，针对中国工业产品的各种贸易壁垒和反倾销措施日益增多，工业发展面临来自资源、环境和需求等多方面的制约。与此同时，中国又拥有世界最大的潜在内需市场，构成了支撑工业持续增长和结构升级的潜在市场基础。显然，只有将工业增长的动力从依靠投资和出口转向消费、投资、出口三者协同拉动，提升消费需求特别是居民消费对工业增长的拉动作用，才能强化内生增长机制，保证工业经济长期平稳、健康的发展。

培育发展新动力是适应经济新常态、引领经济新常态的关键。《中共中央关于制定国民经济和社会发展第十三个五年规划的建议》明确提出，加快实现发展动力转换，发挥消费对增长的基础作用，不仅要扩大消费需求，还要不断优化劳动力、资本、土地、技术、管理等要素配置，创造新供给，推动新技术、新产业、新业态蓬勃发展。这一论断不仅是企业在转型升级过程中更有效适应和开拓国内市场的必然选择，也是坚持走新型工业化发展道路，实现经济发展提质增效的必由之路。

解析工业转型和消费增长的关系，还可以发现城镇化和服务业的影子。城镇化反映了人们生存方式的转型，它一方面需要工业释放有价值的就业岗位，另一方面也为工业发展开拓了市场空间；服务业作为衔接工业化和城镇化的联系纽带，既决定于城镇集聚经济发展要素的规模和水平，又在一定程度上决定着工业转型升级的进程和空间。这样看来，研究新常态下的消费增长与工业转型发展，就不仅要识别工业和消费的直接关系，还要深入分析消费—城镇化—服务业—工业四位一体之间的相互作用和影响。

本成果是中国社会科学院工业经济研究所工业投资与市场研究室承担的创新工程"扩大内需与工业转型发展研究"（GJSCX2013-02）的阶段性成果。从不同角度研究和分析了新常态下消费增长与工业转型发展之间的相关关系。另外，还包括了对家电和钟表业转型发展所进行的两次行业研究成果。

全书分为八章，第一章为导论。

第二章研究新常态下的消费增长。首先，从最终消费总体、居民消费和政府消费构成、居民收入差距、消费对经济增长支撑、传统消费热点回落、新兴消费增长、消费区域结构以及消费个性化多样化等角度，分析了消费增长态势。其次，从居民收入增长与消费增长的相互关系，研究居民收入增长速度、居民收入水平、国民收入分配格局以及居民收入差距等对消费增长的影响。在此基础上，转向讨论新型城镇化与消费增长的关系，着重从城市居民和失地农民的消费分化、大城市病抑制消费增长、小城镇消费集聚效应不足以及城镇化水平与人口老龄化趋势的差距等方面展开研究。最后，分别论述了供给能力和产业结构滞后、社会保障体系不完善以及消费政策对消费增长的影响。

第三章对扩大消费需求与工业转型发展的内在关系进行了理论分析和实证分析。首先论述了消费需求变动对工业企业在市场转型和产业升级的推动作用。其次分析了产业升级对扩大内需的影响和作用，提出了以新兴产业、新兴应用和新兴领域为代表的"三新"升级产业是未来需求的主要增长点；还提出塑造品牌、促进产业升级是扩大内需的主要手段等论断。最后，实证分析了扩大消费需求与工业转型发展的相互关系。

第四章探讨工业化与城市化协同发展。首先，在回顾新中国成立以来工业化与城市化偏离演化历程的基础上，提出市场化改革以来工业化与城市化的内在联系逐步得到强化，但是二者之间仍有一定的脱节。其次，从推进城市化进程，释放潜在消费需求，促进经济增长动力转型；发挥工业化对城市化的带动作用；利用产业集聚效应，推进工业转型升级；构筑城市支撑平台，发展现代服务经济等方面，提出了新常态下工业化与城市化协同发展的方向和对策。最后，针对北京周边的固安、大厂、怀来等县域工业化与城市化协同发展的实践进行了案例分析，从多个角度解析了产城融合的内在机理和经济学意义。

第五章侧重研究工业与服务业互动发展问题。在对工业与服务业关系进行理论综述之后，将生产性服务业与工业（制造业）互动发展的理论假说归纳为分工理论、价值链理论、生态群落理论和竞争力视角互动机制四种理论，论述了生产性服务业对于工业转型升级的支撑作用，分析了工业与服务业互动发展的趋势与模式以及在新常态下的战略意义，并对中国工业与服务业互动发展的特征与趋势进行了实证分析；在论述中国工业与服务业互动发展所面临的限制因素之后，从制造业与服务业并重发展、积极构建国内价值链、重点发展战略优势产业、引入和强化市场竞争、强化产业关联、推进生产性服务业的集聚式发展、营造适宜的外部环境、优化区域分工格局等方面，提出了新常态下促进工业与服务业互动发展的对策。

第六章分析家电工业转型发展。首先，从多个角度阐释家电工业转型升级的必要性。转型升级的方向被归纳为高端智能化、定制化、信息化管理平台以及产业链变革四个方面。其次，分别以格力电器、美的电器和海尔集团为对象，着重探讨了各自的成长路径和转型升级模式。本章认为中国家电工业转型升级存在"高端智能化转型"效果不佳、私人定制尚处于起步阶段等十个方面的问题。最后，从创新补偿引导机制、创新风险分担、创新人才队伍建设、市场准入、企业推出机制以及政府对企业创新扶持方式等角度，提出了新常态下家电工业转型发展的对策与思考。

第七章分析钟表业转型发展。本章从梳理国内钟表市场发展现状开始，在阐述钟表业生产、出口和市场结构后，提出了钟表市场发展的时尚化、大众化和垂直化三种趋势。中国钟表业转型发展的动向与态势被归纳为：出口代工转向以自主品牌开拓国内市场；渠道创新全面推开；品牌培育正在成为竞争的焦点；产业融合发展；产业集群效应初步显现；政策环境悄然改变、助推民族品牌崛起六个方面。本章认为，中国钟表业转型发展还存在同行业之间不规范竞争现象严重、消费者对品牌消费的认知程度还处于较低水平、钟表业产业组织结构落后、产业工人稳定性和充足性面临冲击、产业政策指向尚不清晰五方面的问题，并提出了加强对知识产权的保护；提升消费认知水平；鼓励企业做强做大，保障充足、高质量的人力资源；利用社会资源，协同推广国产品牌等对策与思考。

第八章将前面章节涉及和提出的政策性思路予以归纳和总结，从确保居民收入稳定增长，提高边际消费倾向；推进新型城镇化，促进城乡消费互动；加快供给侧改革，推进工业转型升级；改革政府对产业发展调控方式四方面，提出了新常态下扩大消费需求与工业转型发展应采取的政策取向和对策建议。

# 第二章　新常态下的消费增长

消费是内需的主要来源和最终基础，是国民经济健康可持续发展的根基所在。由于消费是经济活动的终点，一切经济活动的目的都是为了满足人们不断增长的消费需求；同时，消费又是经济活动的起点，是拉动经济增长的最终动力，投资的主要目的就是增强消费的供给能力，因此，狭义上的消费需求是一国内需的主要构成部分。充分发挥消费需求尤其是居民消费需求对工业增长的拉动作用，是准确把握经济发展新常态，加快转变经济发展方式、实现增长动力转型、推动工业提质增效升级的必然要求。

## 一、新常态下消费需求的增长态势

从经济发展的普遍规律来看，国内消费需求是推动经济增长的最重要动力。世界上一些重要发达国家的经济增长主要是依靠国内消费需求而不是投资来实现的，如美国、日本及欧盟等一些国家（地区），近年来这些国家（地区）的最终消费率在 80% 左右、居民消费率在 65% 以上；我国 2014 年的最终消费率仅为 51.2%，居民消费率仅为 37.69%。作为一个发展中国家，我国"三驾马车"中投资和出口的拉动较大，国内消费需求不足、消费对经济增长的贡献率普遍偏低。因此，积极采取措施扩大消费需求，转变经济发展方式，走可持续发展之路，是我国当前及以后相当长一段时间协调经济社会发展的中心工作和主要任务。

### （一）我国最终消费总体增长迅速

在国民经济核算中，最终消费是在核算期（通常是一年）内常住单位为满足物质、文化和精神生活的需要，从本国经济领土和国外购买的货物和服务的全部最终消费支出。图 2-1 显示了"十二五"时期我国最终消费支出总额及年增长趋势。从图 2-1 中可以看出，从绝对数量来看，我国最终消费近五年来一直呈快速增长趋势，2010 年最终消费支出为 19.95 万亿元，2014 年最终消费为 32.83 万亿元，五年间增长了约 64.56%，年均增长率

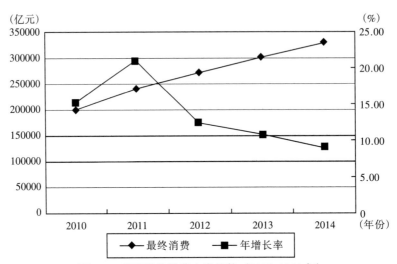

**图 2-1 我国最终消费支出趋势（2010~2014 年）**

资料来源：国家统计局网站。

8

为 10.48%。从增长率来看，我国最终消费年增长率波动较大，2010 年年增长率为 15.26%，2011 年年增长率为 21.09%，但此后几年呈持续下降趋势，2014 年年增长率仅为 9.07%。

**（二）居民消费和政府消费的结构基本保持稳定**

在我国最终消费支出中，"十二五"时期，居民消费占最终消费的比重约为 73%，政府消费占最终消费的比重保持在 27% 左右，居民消费和政府消费的结构基本稳定。为了进一步显示我国最终消费支出的结构及其变化，图 2-2 显示了"十二五"时期我国居民消费和政府消费的变化趋势。从图 2-2 中可以看出，从绝对数量来看，我国居民消费近五年来一直呈快速增长趋势，2010 年居民消费支出为 14.61 万亿元，2014 年居民消费为 24.15 万亿元，五年间增长了将近 65.3%，年均增长率为 10.58%。从增长率来看，我国居民消费年增长率波动较大，2010 年年增长率为 15.31%，2011 年年增长率为 20.86%，但此后几年呈持续下降趋势，2014 年年增长率仅为 9.91%。

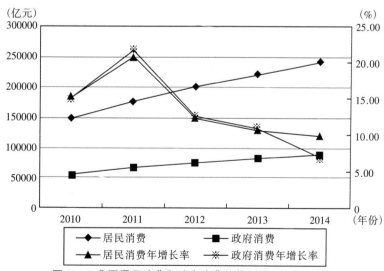

**图 2-2　我国居民消费和政府消费趋势（2010~2014 年）**

资料来源：国家统计局网站。

### （三）居民收入差距继续缩小，但仍不利于扩大消费需求

2008年金融危机以来，随着各级政府在惠民生方面采取了若干强有力的政策措施，反映居民收入差距的基尼系数呈现逐步回落之势。2014年，我国居民收入基尼系数为0.469，比上年降低0.004，比历史最高的2008年降低0.022（见图2-3）。按照国际一般标准，0.4以上的基尼系数表示收入差距较大，即0.4是国际公认警戒线。不言而喻，我国在加快收入分配改革、缩小收入差距方面仍面临相当大的紧迫性。2013年，我国城镇居民中20%最高收入户人均可支配收入为56389.5万元，是20%最低收入户的4.93倍，相比之下属于历史最高点的2008年高达5.71倍，变动趋势与基尼系数大致吻合；农村居民中20%高收入户与20%低收入户人均纯收入之比，由2011年的8.39倍降至8.24倍（见表2-1）。但这两个比值均显著高于2000年。目前，我国低收入家庭仍属温饱型消费，消费重点以基本必需品为主，追求实用、节约和理性。如果收入差距持续维持在较高水平，不可避免带来"低收入、高消费倾向"的居民消费能

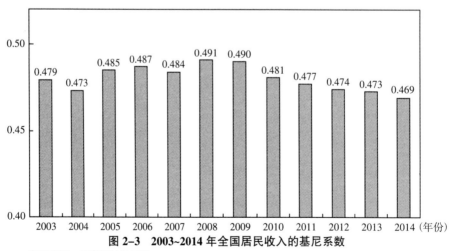

**图2-3 2003~2014年全国居民收入的基尼系数**

资料来源：国家统计局网站。

表 2-1　2000~2013 年中国城乡居民人均收入 20％最高户与 20％最低户　单位：万元

| 年份 | 城镇居民人均可支配收入 | | | 农村居民人均纯收入 | | |
|---|---|---|---|---|---|---|
| | ①低收入户 (20％) | ②高收入户 (20％) | ②÷① | ③低收入户 (20％) | ④高收入户 (20％) | ④÷③ |
| 2000 | 3132.0 | 11299.0 | 3.61 | 802.0 | 5190.0 | 6.47 |
| 2001 | 3319.7 | 12662.6 | 3.81 | 818.0 | 5534.0 | 6.77 |
| 2002 | 3032.1 | 15459.5 | 5.10 | 857.0 | 5903.0 | 6.89 |
| 2003 | 3295.4 | 17471.8 | 5.30 | 865.9 | 6346.9 | 7.33 |
| 2004 | 3642.2 | 20101.6 | 5.52 | 1007.0 | 6931.0 | 6.88 |
| 2005 | 4017.3 | 22902.3 | 5.70 | 1067.2 | 7747.4 | 7.26 |
| 2006 | 4567.1 | 25410.8 | 5.56 | 1182.5 | 8474.8 | 7.17 |
| 2007 | 5364.3 | 29478.9 | 5.50 | 1346.9 | 9790.7 | 7.27 |
| 2008 | 6074.9 | 34667.8 | 5.71 | 1499.8 | 11290.2 | 7.53 |
| 2009 | 6725.2 | 37433.9 | 5.57 | 1549.3 | 12319.1 | 7.95 |
| 2010 | 7605.2 | 41158.0 | 5.41 | 1869.8 | 14049.7 | 7.51 |
| 2011 | 8788.9 | 47021.0 | 5.35 | 2000.5 | 16783.1 | 8.39 |
| 2012 | 10353.8 | 51456.4 | 4.97 | 2316.2 | 19008.9 | 8.21 |
| 2013 | 11433.7 | 56389.5 | 4.93 | 2583.2 | 21272.7 | 8.24 |

资料来源：国家统计局：《中国统计年鉴 2014》，中国统计出版社 2014 年版。

力不足，"高收入、低消费倾向"的居民消费意愿降低，从而在总体上制约消费需求的扩大，进而影响消费结构的合理性。

**（四）消费需求保持平稳增长，对经济增长的支撑作用逐渐显现**

进入"十二五"以来，我国经济下行态势逐步显现，国内消费市场也出现了一定的增幅回落态势。2014 年，社会消费品零售总额为 271896 亿元，比上年增长 12.0％，增幅同比放缓 1.2 个百分点（见图 2-4）；剔除价格因素，实际增长 10.9％，增幅同比放缓 0.6 个百分点，增幅创 2010 年以来的新低。然而，相对于投资需求与出口需求，消费需求增长稳定，对宏观经济增长的支撑作用更加凸显，经济增长第一拉动引擎的地位更趋牢固。2014 年，按支出法计算，最终消费支出为 328311.2 亿元，比上年增长 9.1％；最终消费率达到 51.2％，比 2010 年提高 2.1 个百分点；最终消费拉动 GDP 增长 3.7 个百分点，GDP 贡献率达 50.2%，比上年提高 2 个百分点，比 2010 年提高 3.3 个百分点。2015 年上半年，最终消费支出对国内生产总值的贡献率为 60.0%，比上年同期提高 5.7 个百分点。在最终消费中，2014 年居民消费支出 241541.7 亿元，比上年增长 9.9%；政府消费支出 86770.5 亿元，比上年增长 6.8%。相比之下，居民消费率保持了稳定的上升走势，达到 37.7%，比上年增加 0.4 个百分点，比 2010 年增加 1.8 个百分点；政府消费率则比上年降低 0.3 个百分点，降至 13.5%。资本形成总额为 295022.3 亿元，仅增长 7.6%，资本形成率（投资率）也由上年的 46.5% 降至 46.1%，对 GDP 增长贡献率只有 48.5%，分别比 2013 年和 2010 年降低 5.7 个和 17.5 个百分点（见图 2-5 和表 2-2）。货物和服务净出口达 17462.9 亿元，比上年增长 20.0%，对 GDP 增长贡献率为 1.3%，呈现一定的回升态势。

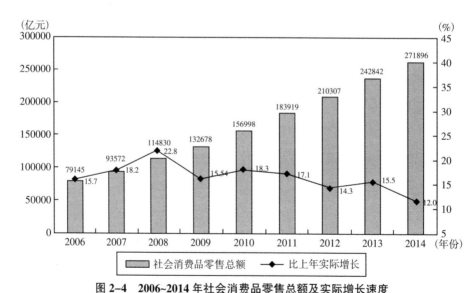

**图 2-4　2006~2014 年社会消费品零售总额及实际增长速度**

资料来源：2006~2011 年数据来自国家统计局：《中国统计年鉴 2012》，中国统计出版社 2012 年版；2012~2014 年数据来自历年《国民经济和社会发展统计公报》。

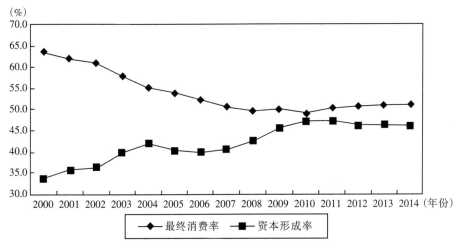

**图2-5 2000~2014年中国的最终消费率和资本形成率**

资料来源：国家统计局网站。

表2-2 2000~2014年中国的最终消费率和固定资本形成率 　　　单位：%

| 年　份 | 最终消费率 | 居民消费率 | 政府消费率 | 固定资本形成率 |
|---|---|---|---|---|
| 2000 | 63.7 | 47.0 | 16.7 | 32.9 |
| 2001 | 62.0 | 45.8 | 16.2 | 33.8 |
| 2002 | 61.0 | 45.3 | 15.7 | 35.4 |
| 2003 | 57.9 | 43.2 | 14.8 | 38.5 |
| 2004 | 55.2 | 41.2 | 14.0 | 39.9 |
| 2005 | 54.1 | 40.1 | 14.0 | 39.5 |
| 2006 | 52.4 | 38.3 | 14.0 | 38.9 |
| 2007 | 50.6 | 37.0 | 13.6 | 38.1 |
| 2008 | 49.7 | 36.4 | 13.4 | 39.4 |
| 2009 | 50.0 | 36.6 | 13.4 | 44.1 |
| 2010 | 49.1 | 35.9 | 13.1 | 44.6 |
| 2011 | 50.2 | 36.7 | 13.5 | 44.5 |
| 2012 | 50.8 | 37.1 | 13.7 | 44.5 |
| 2013 | 51.0 | 37.3 | 13.8 | 44.6 |
| 2014 | 51.2 | 37.7 | 13.5 | 44.2 |

资料来源：国家统计局网站。

### （五）传统的消费热点增幅持续回落，增长渐趋平缓

房地产市场从供不应求转向供求基本平衡和局部供给过剩的趋势基本确立。2013年我国城镇户均住房已达到1套。根据

13

国际经验，户均住房达到 1 套左右，房地产新开工面积往往达到峰值。2014 年，全国房地产新开工面积、销售面积、新建商品住宅销售均价等指标均出现负增长。其中，住宅新开工面积和商品房销售面积分别比 2013 年下降 14.4% 和 9.1%。2015 年上半年，全国房屋新开工面积为 67479 万平方米，同比下降 15.8%。其中，住宅新开工面积为 46891 万平方米，同比下降 17.3%。房屋竣工面积为 32941 万平方米，同比下降 13.8%。其中，住宅竣工面积为 24354 万平方米，同比下降 16.5%。房地产开发企业土地购置面积为 9800 万平方米，同比下降 33.8%；土地成交价款为 2866 亿元，同比下降 28.9%。

汽车消费增长乏力，新能源汽车成为亮点。2014 年，全国汽车产销分别为 2372 万辆和 2349 万辆，同比分别增长 7.3% 和 6.9%（见图 2-6）。其中，乘用车产销分别为 1992 万辆和 1970 万辆，同比分别增长 10.2% 和 9.9%；商用车产销分别为 380 万辆和 379 万辆，同比分别下降 5.7% 和 6.5%。2015 年 1~6 月，汽车产销分别完成 1209.5 万辆和 1185.03 万辆，同比分别增长 2.6% 和 1.4%。月度累计增幅继续回落，比上年同期均回落 7 个百分点。从 2015 年 4 月开始，大众率先拉开了合资品牌官降的序幕。随后，不管是合资品牌、自主品牌还是豪车系列都跟风降价，引发了一轮又一轮的价格战。受政府全面出台支持发展新能源汽车的政策、企业对产品的升级改进和社会对新能源汽车认可度提升等因素影响，新能源汽车市场呈现井喷之势。2014 年新能源汽车销量为 7.5 万辆，同比增长 324%，其中纯电动汽车销售 4.5 万辆，同比增长 208%；插电式电动车销售 3 万辆，同比增长 878%。

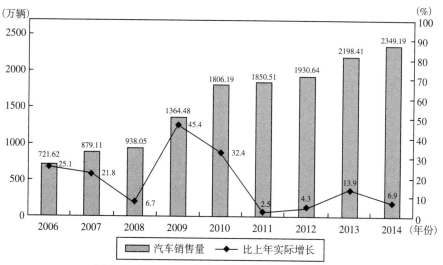

**图 2-6   2006~2014 年全国汽车销售量及增长速度**

资料来源：中国汽车工业协会。

受房地产市场和汽车市场调整的影响，传统的"住"（包括住宅及家用电器、家具、建筑与装潢材料）和"行"（包括汽车、石油及制品）两大消费热点都表现出比较明显的增幅回落态势。2010~2014 年，在全国限额以上企业的 13 类主要商品中，除通信器材零售额保持快速增长外，其余基本呈逐年降低之势。其中，零售额增幅下降最大的是汽车，2014 年比上年增长 7.7%，增幅比 2010 年下降达 27.1 个百分点；家具零售额同比增长 13.9%，比 2010 年回落 23.3 个百分点；金银珠宝零售额同比增长 25.8%，比 2010 年回落 20.2 个百分点；家用电器和音像器材零售额同比增长 9.1%，回落 18.6 个百分点；建筑及装潢材料同比增长 13.9%，回落 18.4 个百分点（见表 2-3）。

**表 2-3   2010~2014 年全国限额以上企业主要商品类别零售额增幅**     单位：%

| 商品类别 | 2010 年 | 2011 年 | 2012 年 | 2013 年 | 2014 年 |
|---|---|---|---|---|---|
| 粮油食品、饮料烟酒 | 27.9 | 25.3 | 17.9 | 13.9 | 11.1 |
| 服装鞋帽、针纺织品 | 25.8 | 24.2 | 18.0 | 11.6 | 10.9 |
| 化妆品 | 16.6 | 18.7 | 17.0 | 13.3 | 10.0 |

续表

| 商品类别 | 2010 年 | 2011 年 | 2012 年 | 2013 年 | 2014 年 |
|---|---|---|---|---|---|
| 金银珠宝 | 46.0 | 42.1 | 16.0 | 25.8 | 25.8 |
| 日用品 | 25.1 | 24.1 | 17.5 | 14.1 | 11.6 |
| 家用电器和音像器材 | 27.7 | 21.6 | 7.2 | 14.5 | 9.1 |
| 中西药品 | 23.5 | 21.5 | 23.0 | 17.7 | 15.0 |
| 文化办公用品 | 23.5 | 27.6 | 17.7 | 11.8 | 11.6 |
| 家具 | 37.2 | 32.8 | 27.0 | 21.0 | 13.9 |
| 通信器材 | 21.8 | 27.5 | 28.9 | 20.4 | 32.7 |
| 石油及制品 | — | 37.4 | 16.9 | 9.9 | 6.6 |
| 汽车 | 34.8 | 14.6 | 7.3 | 10.4 | 7.7 |
| 建筑及装潢材料 | 32.3 | 30.1 | 24.6 | 22.1 | 13.9 |

资料来源：国家统计局：《国民经济和社会发展统计年报》（2010~2014 年）。

### （六）消费渠道和结构持续改变，新兴消费增长迅猛

（1）网络消费保持高速增长。2014 年，全国网上零售额达 2.8 万亿元，同比增长 49.7%，是 2010 年的 4.4 倍。根据商务部电子商务司测算，2014 年电子商务交易额（包括 B2B 和网络零售）约 13 万亿元，同比增长 25%。商务部监测的 5000 家重点零售企业中，网络零售增长 33.2%，比上年增长加快 1.3 个百分点。与此相比，传统销售渠道表现差强人意。专业店、超市和百货店分别增长 5.8%、5.5% 和 4.1%，比上年分别回落 1.7 个、2.8 个和 6.2 个百分点；购物中心虽增长 7.7%，但也比上年放缓 4.5 个百分点。

（2）信息消费继续快速发展。2014 年，我国信息消费达到了 2.8 万亿元，同比增长 18%。信息消费的拉动带动了相关产业 1.2 万亿元的发展，对 GDP 贡献约 0.8 个百分点。据工信部统计，2014 年全国电信业务总量达到 1.8 万亿元，同比增长 16.1%；截至 2014 年 12 月底，TD-LTE 基站中国布局 70 万个，4G 用户超过 9000 万。4G 用户看起来是手机用户，实际上是广泛使用宽带的移动用户。在 4G 网络建设及新产品更新加快的

带动下，通信器材销售加快增长。2014 年，全国限额以上单位全年通信器材销售额同比增长 32.7%，比上年加快 12.3 个百分点，也创 2010 年以来的新高。

（3）绿色消费异军突起。随着人们消费水平的提高和消费观念的更新，防止污染、重视健康、绿色环保等理念逐步融入居民消费行为之中，变频空调、空气净化器、新能源汽车等产品销量持续增长。2014 年，新能源汽车销售量同比猛增 3.8 倍；其中，纯电动和插电式电动车分别增长 2.1 倍和 8.8 倍。空气净化器等节能环保产品销售也呈现爆发式增长态势。2014 年空气净化器线上零售量约 230 万台，同比增长 78%，销售额达到近 40 亿元，同比增长 80%。绿色消费逐渐成为新的消费增长点。

（4）文化旅游大众餐饮等服务消费继续升温。随着居民收入稳定增长，发展型、享受型消费大幅增长，消费升级的发展态势日益明显。2014 年，全国餐饮收入额达 27860 亿元，比上年增长 9.7%，其中，限额以下企业增长 13.2%，高出限上企业 11 个百分点。文化旅游需求旺盛，全年电影总票房 296.4 亿元，增长约 36.2%；全年旅游总收入约 3.25 万亿元，增长 11%，出境旅游首次突破 1 亿人次。

**（七）农村消费连续快于城镇，消费品市场的区域差距持续缩小**

农村消费市场继续快速增长。2014 年，城镇消费品零售额为 226368 亿元，比上年增长 11.8%；乡村消费品零售额为 36027 亿元，比上年增长 12.9%。这已是 2012 年以来连续第三年农村消费市场增长快于城镇。2015 年 1~6 月，我国城镇消费品零售额为 121850 亿元，同比增长 10.2%；乡村消费品零售额为 19727 亿元，增长 11.6%。2014 年，农村占全国社会消费品零售总额的比重由 2010 年的 13.3% 升至 13.7%，城乡消费品市场规模的绝对差距比上年增长 11.6%，增幅回落 1 个百分点，比 2010 年降低 7.6 个百分点（见图 2-7）。到 2014 年底，全国农民工总量为 26894 万人，比上年增长 2.4%。其中，外出农民工为 16610 万人，增长 1.7%；本地农民工为 10284 万人，增长 3.6%。在城镇化进程带动更多经济资源和消费活动向城市集聚的大背景之下，农村消费仍快于城镇，说明支撑农村消费的基本因素正在持续发生改变。

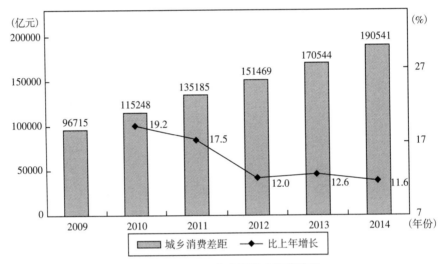

图 2-7　2009~2014 年全国城乡消费差距

资料来源：国家统计局网站。

消费品市场的区域构成持续得以改善。2014 年，东部地区社会消费品零售总额为 149412 亿元，比上年增长 11.6%；中部和西部分别为 66769 亿元和 47226 亿元，比上年分别增长 12.5% 和 12.6%，增速分别比东部高出 0.9 个和 1.0 个百分点。这也是自 2006 年以来中西部地区连续第八年增速快于东部地区。2010~2014 年，东部地区社会消费品零售总额年均增长 13.3%，中部和西部分别为 14.5% 和 14.7%，全国平均为 13.7%。显然，"十二五"时期中西部对全国消费品市场的拉动更为明显。2014 年，中部和西部在全国社会消费品零售总额中所占比重分别为 25.3% 和 18.0%，分别比 2010 年提高 0.5 个和 0.6 个百分点；东部则降至 56.7%，比 2010 年降低 1.1 个百分点（见表 2-4）。

表 2-4　2006~2014 年全国社会消费品零售总额的区域构成　　　　单位：%

| 地区 | 2006 年 | 2007 年 | 2008 年 | 2009 年 | 2010 年 | 2011 年 | 2012 年 | 2013 年 | 2014 年 |
|------|------|------|------|------|------|------|------|------|------|
| 东部 | 58.8 | 58.5 | 58.1 | 57.9 | 57.8 | 57.5 | 57.0 | 56.8 | 56.7 |
| 中部 | 24.1 | 24.3 | 24.6 | 24.7 | 24.8 | 24.9 | 25.2 | 25.3 | 25.3 |
| 西部 | 17.1 | 17.2 | 17.3 | 17.4 | 17.4 | 17.6 | 17.8 | 17.9 | 18.0 |

资料来源：国家统计局网站。

### （八）传统消费热点降温，消费需求个性化、多样化特征越发显著

2014 年，我国人均 GDP 已经达到 7485 美元。城镇和农村居民家庭的恩格尔系数在 2013 年已降至 35.0% 和 37.7%，分别比 2010 年下降 0.7 个和 3.4 个百分点。城镇居民的大多数耐用消费品拥有量已饱和，农村居民对耐用消费品的拥有量也出现了大幅度的提升。例如，2012 年城镇居民每百户家庭拥有 126.8 台空调、87 台电脑，农村居民每百户拥有的摩托车达到 62.2 辆。与过去的消费结构相比，我国城乡居民消费结构正在由生存型消费向发展型消费升级、由物质型消费向服务型消费升级、由传统消费向新型消费升级，并且这一升级的趋势越来越明显，速度越来越快。随着大众消费时代的到来，尤其是"80 后"、"90 后"成为社会的中坚力量和最重要的消费主体，传统消费热点持续降温，模仿型排浪式消费阶段基本结束，发展型、享受型消费比重大幅增长，消费个性化、多样化特征越发明显，方便、快捷、健康、环保和个性化的现代消费方式越

来越成为消费者的选择。从工业消费品看，这部分消费的重心不断从数量追求转向品质提升和个性体验，消费品质提升在促进消费增长中的作用将更加凸显。

## 二、居民收入增长与消费增长

根据国际经验，当人均 GDP 超过 1000 美元，消费内容开始新一轮升级，由衣食消费升级至住行消费，进入发展型消费阶段；当人均 GDP 超过 3000 美元，将由发展型消费向享受型消费转变。如果单纯从支出金额来看，2010 年之前过去的 30 年，我国已经完成了向"千元级"消费的升级过程。2010 年我国人均 GDP 为 4628 美元，2014 年已经达到 7485 美元。2010 年以来，我国正在经历迈向"万元级"的消费升级过程，主要表现为住房、汽车消费支出占比的提高。消费升级需求日益迫切，以消费内容升级和消费品质升级为基本特征的消费升级呈现出多维度、多领域特点，居民收入增长是影响和决定消费升级的关键因素和基本动力。

### （一）新常态下居民收入持续提高，是确保消费增长的关键

在 GDP 增速有所回落的情况下，居民收入保持了稳步增长。2014 年全国居民人均可支配收入比上年名义增长 10.1%，实际增长 8.0%；农村居民人均纯收入名义增长 11.2%，实际增长 9.2%；城镇居民人均可支配收入名义增长 9.0%，实际增长 6.8%。2014 年全国居民人均可支配收入实际增速高于经济增速 0.6 个百分点；名义增速分别高于规模以上工业企业利润总额和全国一般公共财政收入 6.8 个和 1.5 个百分点。这是凸

显消费对经济增长支撑作用的主要原因。由于农村居民收入增长连续多年快于城镇居民，我国城乡居民收入差距逐渐缩小。2009 年城镇居民人均可支配收入与农村居民人均纯收入之比为 3.33，2010 年降至 3.23，2011 年又降至 3.13，2012 年为 3.10，2013 年进一步降至 3.03，2014 年达到 2.92。城乡收入差距的缩小为缩窄城乡消费差距奠定了基础。今后相当长的一段时间内，仍应努力提高农村居民消费水平，这也是促进消费增长的关键。

### （二）部分居民收入绝对水平较低，消费能力受到抑制

当前，部分居民收入绝对水平较低是消费升级的最大障碍。我国的居民收入水平，虽然在改革开放 30 多年来得到了迅速提高，但居民收入增长的速度不仅大大低于财政收入和企业收入增长的速度，也在一个比较长的时期内低于经济增长的速度。例如，2002 年，黑龙江省城镇居民人均可支配收入为 6100.6 元，农村居民家庭人均纯收入 2405.2 元；经过 12 年年增长超过 11% 的增长过程，2014 年，黑龙江省城镇居民人均可支配收入达 22609.03 元，农村居民家庭人均纯收入达 10453.2 元。不考虑物价上涨因素影响，2002~2014 年，黑龙江省居民实际收入水平仍然十分低下。

由于收入水平较低，部分居民只能把收入的绝大部分放在维持最基本的生活方面，特别是在当前食品价格上涨过快的情况下，占人口绝大多数的中低收入阶层，只能把大部分收入用在解决食品需求等基本的消费支出上，用在旅游、文化、健身等方面的消费就很少。社会的一部分低收入者，即使把全部收入用完，也很难维持最基本的生活，他们的消费水平自然得不到提高。国内需求是以居民的消费水平为基础的，而消费的水

平是由收入的水平决定的。居民收入较低，就会影响到消费的扩大，从而直接影响到国内需求的扩大。所以，扩大消费增长，促进消费升级，关键在于提高居民的收入水平。

### （三）国民收入分配格局制约消费倾向提高

劳动者劳动报酬在国民收入分配中的比重偏低直接影响居民收入水平。消费的崛起长期地依赖于国民收入分配中劳动要素分配的占比，这将是我国经济模式转型与升级的中长期趋势。驱动消费需求内生性增长的因素主要有"国民经济中劳动者收入的增长"、"贫富分化与收入分配的改变"以及与消费有关的基础设施建设（如电力设施、电信网络、道路设施等）。我国消费占 GDP 比重一直较低归因于工资收入占 GDP 的份额出现了趋势性的下降，以收入法核算的 GDP 中的工资收入占比从 2003 年的 49.6% 降至 2009 年的 38%。然而，农村可转移青壮劳动力数目从 2005 年的 1 亿左右下降到 2010 年的 3000万，预计还将进一步下降。近年来，春节后一度出现"用工荒"的现象也预示着劳动力成本的上升，但这只是低端劳动力与劳动技工的工资有所上升，是低收入劳动者在城市生存必要成本提高所导致的劳动力成本上涨。

1993~2012 年，我国城镇居民及农村居民人均可支配收入平均增速分别为 13.50% 和 12.54%，而同期人均 GDP 增速却达 15.32%。财产性收入不足是制约我国居民收入增速迟缓的一个重要原因。据中国经济数据库（CEIC）数据显示，2008年美国的初次分配总收入占 GDP 的比重为 81.1%，而同期我国初次分配总收入占 GDP 的比重为 57.6%，相差 23.5 个百分点，其中，美国劳动者报酬为 57.1%，中国为 55.3%，两者基本一致。但美国财产性收入为 24%，远高于我国的 2.4%，成为造成中美两国居民初次收入份额不足的主要原因。当前我国要素市场并未完全开放，一方面，金融要素定价权掌握在政府手中，造成居民投资渠道不畅，收益预期不明，抑制了金融产品创新。另一方面，在土地市场上，我国土地产权仍不能自由流转，造成农民的耕地、宅基地流转困难，一是制约了土地的规模效应，二是限制了农民的财产性收入获取，这是农民增收的最大障碍。

2009 年以来，在"四万亿"投资政策的刺激下，中国的基础设施建设得到了全面的进展，交通运输、电力设配、电信网络的迅速发展为拉动投资、创造就业、增加外汇奠定了基础。但从制约因素上看，劳动力收入增长缓慢，并且收入分配差距过大导致了边际消费倾向的下降，资产价格的泡沫使城市化进程受到了阻滞，劳动生产率难以进一步提升。

### （四）收入差距过大，抑制消费升级的普及

我国城镇居民按照低收入、中低收入、中高收入和高收入四个阶层划分，人口比例约为 1：5：3：1，其中，中低收入阶层的收入占比从 1985 年的 45% 下降到 2012 年的 38%，中高收入阶层的收入占比从 1985 年的 34% 上升到 2012 年的 36%，反映出收入向高收入群体的转移，中国在 2010 年左右进入了中上等收入国家行列。但是，考虑地区发展不平衡及生活标准上升等条件，2009 年全国城乡约有 4.47 亿人口为中等收入阶层，占全国人口的比例从 1987 年的 43% 下降到 2009 年的 34%，2005 年购买力平价下的全国中等收入阶层的日均消费支出在 2009 年尚未达到美国的贫困线，总体处于较低的发展水平。因此，我国各阶层的收入特征是：中等收入阶层比例较低，收入主要流向极少数高收入群体，中低收入者大量存在。

收入分配差距过大或过小都不利于消费及经济增长。伴随着改革开放，我国收入差距问题涉及区域、行业以及城乡间等多个维度，其根源在于市场化改革不完善，要素市场仍未完全开放，市场定价机制缺失。由于要素市场的各种壁垒，我国公有制与私有制、城乡之间的要素资本仍未自由流通，由于资本的回报率不同，造成贫富差距过大。据国家统计局发布的数据，我国居民收入的基尼系数由 2010 年的 0.481 逐步回落至 2014 年的 0.469。如此高的基尼系数无疑不利于社会稳定，阻碍经济增长。

收入差距过大首先会导致总消费降低，总投资上升。收入差距扩大的影响在于低收入者的无力消费和高收入者消费倾向的降低。根据国家统计局城镇住户收支调查数据显示，占我国城镇家庭总数 10% 的最低收入家庭的边际消费率高达 96%，而占我国城镇家庭总数 10% 的最高收入家庭的边际消费率只有 63%。边际消费的高低直接决定了储蓄率的高低，也就决定了总投资的变化。另外，收入差距扩大不利于高端消费的普及化。虽然收入差距扩大会引导消费向高端发展，但却不利于高端消费品向大众消费品及高端产业向支柱产业的转化，是抑制我国国内消费潜能发挥的重要制度性因素。

日本、韩国、巴西等跨过或陷入"中等收入陷阱"的国家的发展经验也表明，足够大的中等收入阶层比例有利于经济向消费主导型发展方式转型。居民消费不足从一个侧面反映中等收入阶层不足、收入分配两极分化的现状阻碍了经济快速增长对居民福利的进一步提高。

## 三、新型城镇化与消费增长

### （一）城市流动人口消费水平偏低，城市贫困化问题日益显著

当前，中国城镇中农业转移人口处于快速稳定增长阶段，现有总量约 2.4 亿人，占城镇人口的 1/3 左右。但由于成本障碍、制度障碍、能力障碍、文化障碍、社会排斥以及承载力约束等方面的影响，农业转移人口市民化进程严重滞后。综合测算表明，2011 年全国农业转移人口市民化程度仅有 40% 左右，农业转移人口在政治权利、公共服务、经济生活、文化素质等方面与城镇居民的差距均较大。2012 年，全国按户籍人口计算的城镇化率仅有 35.29%，一般城镇化率在 30%~70% 都是快速推进的，若按城镇中农业转移人口市民化程度平均为 40% 推算，中国真实的完全城镇化率只有 42.2%，比国家统计局公布的 2012 年常住人口城镇化率 52.6% 低 10.4 个百分点。这表明，按照市民化的标准，中国城镇化率大约高估了 10 个百分点。

随着我国城镇化进程的加速，收入差距、贫富差距逐渐拉大，尤其是城市居民的消费分层化特征日益显著，高中低收入群体在消费结构、消费方式、消费水平、消费质量、消费品位、消费所需环境等方面都有明显分化。国家卫计委于 2014 年 5 月发布的《中国家庭发展报告 2014》显示，我国流动人口共有 2.4 亿，占全国总人口的 20%，对当地社会经济的发展具有重大影响。这群人虽长期生活、工作在城市，但与城市居民在就业、居住、子女教育、医疗等享受城市公共服务以及社会

福利保障方面存在着明显的不平等，导致流动人口整体消费水平低，其生活和工作等方面的窘境、贫困发生概率和陷入贫困程度都比当地城市居民更为严重。

### （二）失地农民消费出现两极分化

目前，失地农民面临失地又失业、就业安置的困难，从国家得到的补偿有限、经济收入来源不确定，甚至生活水平有所下降，缺乏相应的医疗、养老保障，缺少再教育和技能培训的途径等问题，阻碍了这部分城市化边缘弱势群体的消费增长，使这部分农民的消费状况与城镇化出现负相关。在经济发达地区如长三角地区的城镇化中却出现了另一种现象：征迁中不少农民一夜暴富、财产性收入快速增加，变成食利者；但就业意愿不足、劳动性收入占家庭收入比例很低；异化的享受型消费增多，而精神文化消费和教育消费等发展型消费质量低下，严重影响消费质量的正常提高。

### （三）大中城市发展带来的城市病阻碍消费增长

20 世纪 90 年代后期以来，我国城镇化模式从积极发展小城市模式转向于大中城市发展模式，但大中城市的发展带来城市容纳过度、社会矛盾尖锐、人居指数下滑、物价特别是地价和房价畸高等一系列城市病，诸如人居环境、城市生态承载能力等保障消费水平提高的前提条件都日益恶化。城市规划缺乏对公共消费空间布局的周密考虑，大量优质的公共资源主要集中在城市中心或整个区域的中心城市，造成中心旧城区的有限资源更加紧张、消费环境趋于恶化，而某些新拓展城区开展消费活动所需的资源缺乏、生活配套设施系统不齐备、基础设施建设未跟上，限制了在新城区生活居民消费水平的提高。另外，住房消费占家庭消费比重支出过大、超经济承受能力的不合理消费逐渐增多，在一定程度上阻碍了家庭的其他正常消费需求增长。交通问题在我国也日益突出，使居民的生存和发展消费需求均受到制约，无形中增加了居民的消费时间成本，产生消费安全以及消费环境破坏等问题。

### （四）小城镇建设中消费的集聚效应和辐射效应发挥欠佳

在理论上，城镇化规模和速度的确定首先应与所在区域人口的消费需求能力相适应。一般某个区域的居民消费需求能力越高，其城镇化规模也就相应越大。其次应与所在区域人口消费的集聚效应、扩散效应相适应，一个城市的消费集聚、扩散效应越大，带动周边城市发展、最终形成以其为中心的城市群或城市带的可能性也越大。最后应与自然资源承载人类消费的能力相适应，必须结合人类的消费需求、消费方式、消费量来建立对所在城市或区域的自然环境相应承载力评价体系，以此来综合确定城镇化规模的适度选择，把握好推进城镇化的速度。

另外，城镇化水平的衡量标准应包括家庭和个人的消费方式、消费水平和消费心理是否已实现了从农村向城镇化的转变，包括消费环境的改善程度、公共消费品的供给范围和服务水平、公共消费投入比例程度等方面。测度和衡量我国城镇化质量的标准和尺度应包括消费结构的升级度、消费方式的现代化和创新度、可持续消费理念的普及和执行度、消费内容的丰富程度、消费文明的提高程度，以及城乡消费的公平均质化和一体化率等方面。

我国小城镇的经济发展状况相对落后，消费工具的现代化和高科技化不如大中城市；基础设施投入不到位，也不如大中城市拥有多种消费业态，商贸、教育、文化、卫生等城市功能不齐备；包括社会保障、消费信贷、消费供给和分配等在内的消费制度也相对不够完善，影响了小城镇消费集聚效应的发挥。另外，我国很多小城镇由于规模偏小、建设水平较低，难以吸引和带动农村剩余劳动力的转移，以至于消费所能辐射的区域狭小；小城镇城市规划功能区不明显，城市建设资金不足、配套基础设施不完善，缺乏强有力的产业支撑，难以提供消费辐射效应发挥的有利条件。

**（五）城镇化水平与人口结构老龄化趋势尚有一定差距**

从发达国家看，城市化进入成熟期后，人口老龄化也愈发严重。国家统计局公布的数据显示，2013 年，我国城镇化率达到 53.7%，65 周岁及以上人口为 13161 万人，占总人口的 9.7%。可以说，我国城镇化率不断提高的同时，人口老龄化问题也日渐严峻。由于老年人在心理、生理上的变化，在食品、服装、交通通信、社会服务、医疗保健、教育文化、休闲娱乐等物质和精神方面的消费需求与中青年完全不同，而且随着经济条件的改善，各种消费需求有不断增加的趋势。我国绝大多数城市建设规划未充分考虑人口年龄结构变动的要求，建设标准不符合老年人出行、居住、活动的消费要求，且老龄服务供给不足、适合老年人消费的产品和服务不丰富，抑制了老年消费需求的产生，导致其消费倾向趋于降低。

---

**【专栏 2-1】**

## 新型城镇化助推三类消费升级

**文化消费**

"文化传承，彰显特色"已被纳入《国家新型城镇化规划

（2014~2020 年)》。作为约束居民消费行为或消费偏好的一种文化规范，良好的消费文化既能为城乡居民生活提供丰富的精神食粮，有助于提升城镇化的精神品质，也能成为展示各具特色的城镇化发展模式的形象载体，成为增强地区竞争力和影响力的有效途径。因此，在城市旧城改造和新区扩建的规划建设、空间布局中，需要充分考虑保留或新建融入与消费文化相关的区域，注重延续原有传统消费文化的精神和风貌，并顺应和驱动消费文化由物质转向更高层次的精神和生态形态的转型。

### 生活服务消费

一是人们的生活节奏加快，交通通信等消费支出增加迅速，如何引导居民的交通消费、如何规划城市道路和建设城市交通体系等问题，对新型城镇化提出了挑战。二是服务消费显著增强，这为新型城镇化的产业结构调整优化提供了机遇，也为城市进行新的空间布局创造了条件。三是信息消费、数字消费的地位和作用日渐突出，对城市信息化、数字化建设提供了机遇和挑战。四是住房消费不断升级，如何正确引导住房的理性消费，积极满足低收入群体的住房基本生存消费需求，约束过度膨胀的住房投资（或投机）消费需求，给新型城镇化建设带来了极大的挑战。五是旅游、美容、健身、娱乐、文化教育等休闲娱乐消费日益增多，为城市功能重新分区提供了机遇和条件，对城市的生活配套设施建设提出了新的挑战。

### 绿色低碳消费

我国居民的绿色消费明显增加，更多的人开始购买符合低碳标准的产品和服务，已经开始逐步构建生态文明型、低碳循环节约型的消费模式，以保护生态环境、节约能源资源。消费模式的转变促使新型城镇化的发展模式向可持续方向发展，越来越多的城市提出建立循环型、低碳型、生态文明型城市的目标，通过可再生能源示范工程、节能减排中的浅层地热能利用等新技术、新能源，建设绿色建筑、绿色交通、绿色基础设施、绿色小区、绿色产业等，最终组建成生态文明、低碳循环型城市。

资料来源：作者根据有关资料整理。

## 四、制约消费增长的其他因素

### （一）供给能力和产业结构对消费升级的支撑力度不足

除了收入等需求侧因素之外，供给结构对消费结构升级的响应不够，供给能力的不足也是制约当前消费升级的重要因素。

首先，对于消费内容升级来说，不仅住、行是未来升级的重点。在老龄化等消费者群体生理特征变化下，医疗保健服务消费需求也将极大提升；在知识化的影响下，教育培训需求也将极大提升，而在整个文化领域转型过程中，文化内容的消费也正由象牙塔走向平民大众，呈现通俗化趋势。但是供给结构对这些趋势并没有作出敏锐的反应，整个社会的生产仍然是以增长为导向，即对国内消费者的关注不足，甚至连消费都被错误地认为是增长的手段，而不是增长的目的。这种导向性的偏差导致了供给结构与消费结构之间联系不紧密，难以及时作出响应和调整。

其次，对于消费品质的升级来说，国内制造的技术水平是一个制约因素。产业结构与高端消费脱节，国内高端品牌缺失，消费外移严重。一般而言，品牌对应于品质。国产品牌缺失，尤其是奢侈品领域国产品牌的缺失，是造成我国高端消费外流的主要原因。高端品牌的培育需要极长的时间，需要产业高端化与之匹配，但由于我国产业结构仍处于中低端，造成国产商品品牌缺失，国内高端消费外流，境外购物盛行，我国已经成为海外奢侈品消费第一大国。当前，随着国产奶粉等普通商品频频曝光的质量问题，我国居民境外"扫货"已开始由奢侈品转向生活必需品，"海外代购"作为一种新型的购物方式也悄然兴起。以信息技术领域为例，2003年以来，交通和通信消费对消费结构变动的贡献率达到30%以上，但不管是在交通领域，还是在通信领域，国内供给能力，尤其是技术方面的不足是一个不小的短板。以手机消费为例，核心设备和部件的高端技术主要依靠进口，由此形成一种现象，即低端手机呈现"山寨化"倾向，而高端手机却要排队购买（如苹果手机）。在其他领域，我们也能够看到这种技术上的制约对消费品质提升的影响，如在衣着消费过程中，国内在面料、加工工艺、印染等环节的技术仍然落后于发达国家，国外一些企业在保暖面料上已经能够实现"轻、薄、暖、无臭"的技术突破，一件保暖内衣的厚度和夏天的背心相同，但保暖效果却比厚重的棉内衣要好得多，具有非常广泛的市场需求。但是，目前国内的纺织服装企业仍然难以达到这样的技术水平。

**（二）社会保障体系不完善抑制消费信心**

社会保障是保障人民生活、调节社会分配的一项基本制度。完善的社会保障制度，不仅能够为人民群众的生活提供最基本的保障，而且能够有效地减少居民在教育、医疗、住房等方面的支出，使居民能够把更多的收入用在其他方面的消费上，这样，不仅人民群众的生活水平会得到提高，生活品质会得到改善，还能够使消费得到有效的扩大，促进国内需求的扩大。同时，完善的社会保障制度，还能够增强居民收入增加的政策预期，刺激居民的消费意愿，也有利于促进国内需求的扩大。

由于受经济发展水平的限制，加上我国社会保障制度建设起步较晚的原因，我国目前社会保障制度还不完善，具体表现在三个方面：一是社会保障制度的覆盖面不广，还没有做到应保尽保。近年来，按照中央的统一部署，各级政府在扩大社会保障的覆盖面方面做了很多努力，使社会保障的覆盖面有了很大的提高。但是，由于各种原因，社会保障仍然没有完全覆盖到所有的社会群体，一部分农村居民仍然享受不到最基本的养老和医疗保障。二是社会保障的水平还比较低，特别是农村居民的养老保险和医疗保险，还不能有效地解决农村居民在养老和医疗方面的问题。三是不同社会阶层在社会保障方面存在不平等的问题，与公务员和事业单位的职工相比，其他社会阶层在社会保障方面还存在比较大的差距，要么保障的种类不够齐全，要么保障的水平相对较低。

在收入不变的情况下，某一方面消费支出的大幅增长或可能的大幅增长都会挤压其他方面的支出。在收入预期不乐观的情况下，支出刚性强的项目会进一步挤压其他支出项目。2010年以来，尽管政府采取多项调控措施，抑制投机性购房，遏制房价过快上涨，然而，推动房价上涨的深层次问题并未得到解决。房价上涨过快直接导致居民购房负担加重，过高的首付款和月供支出使绝大多数购房者减少其他支出。特别是在北、上、广、深等一线城市，住宅购买及租赁的价格上涨预期使居民消费的安全感进一步降低，严重影响居民消费信心和消费意愿。除此之外，养老、医疗、教育等方面的费用上涨之快也大大超过大多数家庭的收入增长速度，促使居民家庭在考虑收入支出时不得不控制即期消费，增加储蓄，从而使支出结构发生了很大的改变。由此来看，只有加快完善我国社保体制，才能更好地解决我国居民消费的"后顾之忧"，增强居民消费能力。

**（三）消费政策的针对性和协调性有待提高**

近年来，我国着力解决制约消费需求扩大的矛盾和问题，采取了一系列宏观调控政策措施，对逐步提高消费率，形成消费、投资、出口协调拉动经济增长的新局面发挥了重要作用。但由于运用消费政策起步较晚、缺乏经验，在消费政策的制定和实施等方面都存在一定问题，制约消费政策的实施效果。首先，消费调控手段单一、调控方式僵化。对消费的直接干预政策较多，没有充分运用价格、利率、工资等经济杠杆调节居民消费。同时调控目标过度注重总量调控，对消费结构调整作用不大，导致消费政策难以达到预期目标。其次，消费政策针对性不强。不能根据城乡地区差异、收入水平不同等处于不同消费阶段的居民采取有针对性的消费政策，并在实践中依据经济形势的变化情况灵活选择和运用，导致消费政策效果不够理想。最后，没有建立起协调一致的消费政策调控体系。消费政策各部门各自制定，以短期性、临时性为主，不能确保消费需求的长期稳定增长，消费政策各项措施的衔接配合不够紧密，没有形成合力，导致部分消费政策效应相互抵消，不利于消费政策更好地发挥作用。

**参考文献**

［1］陈乐一、李春风、李玉双:《中国收入等级不同的城镇居民预防性储蓄动机研究》,《财经理论与实践》,2013 年第 4 期。

［2］陈启杰、曹泽洲、孟慧霞:《中国后工业社会消费结构研究》,上海财经大学出版社 2011 年版。

［3］范剑平、向书坚:《我国消费结构升级与产业结构升级的两个时间差》,《管理世界》,1994 年第 6 期。

［4］胡若痴:《新型城镇化拉动消费增长的动力探析》,《湖南社会科学》,2014 年第 6 期。

［5］黄卫挺:《居民消费升级的理论及现实研究》,《科学发展》,2013年第 3 期。

［6］李方正:《我国需求结构演进与经济增长关系研究》,首都经济贸易大学博士学位论文 2015 年版。

［7］俞建国:《"十二五"时期居民消费结构变化趋势》,中国计划出版社 2012 年版。

# 第三章 扩大消费需求与工业转型发展的内在关系

## 一、消费需求变动对工业转型发展的推动促进作用

经过 30 多年的改革开放实践，我国经济发展方式正在进入到根本性转型阶段，即从依靠投资、出口拉动转向内需、外需协调发展阶段，形成一种新的对内开放和对外开放相结合的开放形态。扩大内需是我国经济发展的长期战略方针和基本立足点，我国拥有巨大的发展空间和世界上最大的国内市场，这既是我国的内生优势，也是抵御外部冲击的重要基础。

2008 年的国际金融危机冲击着现有世界经济发展格局，特别是对经济发展模式将会产生巨大而深远的影响，世界主要国家的发展模式（包括发达国家的负债消费模式和发展中国家的出口导向型模式）都面临调整。美国等发达国家过度负债消费的增长模式正在发生转变；与之相适应，包括我国在内的众多发展中国家的过度依赖外需、大进大出的增长模式也必须加快

转换。在金融危机形势下，扩大内需成为推动发展的新主题，在改革开放前30年释放国内闲置生产要素、激活产出的外循环机制后，当前中国迫切需要的是激活产出的内循环机制。

扩大内需的战略，不单是因应欧美衰退、外部需求锐减之变，而且是构建大国健康发展模式的必由之路。我国作为一个人口大国和最大的发展中国家，其经济发展模式不同于小国经济发展模式。一般来说，外贸对小国的作用大于大国，在经济起飞阶段的作用大于成熟阶段，对于发展中国家的作用大于发达国家。国际金融危机凸显了现今我国经济发展模式的脆弱性，也对扩大内需提出了新的迫切要求；从未来发展看，作为全球性经济大国，我国过度依赖外需驱动的经济增长模式已经难以为继。内需主导型经济是大国经济发展的主要动力，内需主导型经济承受国际经济波动、冲击的能力较强，经济增长的稳定性比较好。我国经济发展现今存在内需不足和产能过剩两个问题。

### （一）内需不足导致工业转型发展困难

需求分为消费需求和投资需求，但投资需求具有"名为当期需求、实为下期供给"的特性，故内需一般指居民的消费需求。2008年，我国居民消费需求占GDP的比重为35.3%，而同期世界银行的统计数据显示，全球的平均消费率约为77%。可见，我国消费需求还远未成为经济增长的主要动力，内需疲软现象比较严重。这主要归因于我国居民收入水平不高。尽管改革开放以来，我国经济快速发展，居民生活也得到一定改善，但居民收入的增长幅度与GDP的高水平增长还很不匹配。与此同时，我国的收入差距逐步拉大，2000年，我国的基尼系数已超过0.4的国际警戒线，并逐年上升，2009年更是达到

0.49，收入差距的不断扩大又进一步阻碍了内需的增长。另外，我国社会保障体系不健全又导致居民储蓄率一直居高不下，居民新增收入难以转化为有效的消费需求，出现内需动力不足的状况。过去的十几年里，仅靠政府为主体的大规模投资来拉动经济增长的行为抑制了居民消费的合理增长，直接导致供给和消费的比例失衡。继续走投资拉动经济增长的老路，政府的财政负担势必加重，又会继续挤压居民收入与企业收入的增长空间，使居民消费能力和民间投资能力下降。

**（二）扩大内需是我国经济可持续发展的内在动力**

内需不足是引起我国经济出现上述问题的根本原因。由于内需不足，我国消费品市场过分依赖出口，国外消费者控制主动权，他们通过挑起国内企业的恶性竞争以获得最低的进口价格。我国企业在这样残酷的竞争下获得的利润必定十分有限，无法给予工人过多的工资，也没有能力搞研发，导致我国经济难以摆脱粗放式的发展模式，实体经济的投资环境恶化，民营企业面临更加严峻的考验。在此背景下，大量资金只有进入虚拟经济领域，抬高资产价格。内需不足是阻碍我国经济可持续发展的根本原因，要想彻底解决经济运行中的一系列问题，保持经济可持续发展，必须从扩大内需入手，真正实现藏富于民。

**（三）我国消费需求变动对工业企业在市场转型和产业升级中的推动作用**

1. 我国进入消费新时代

我国消费释放的大趋势是消费总量不断扩大，消费结构升级加快。

（1）消费水平提高、消费规模扩大。1978~2014 年，我国人均消费水平以及城乡居民消费水平均呈现稳定提升态势。全国平均消费水平从 184 元增长到 17806 元，以 1978 年为基数，按不变价计算增长了 1576.6%。随着消费水平的不断提高，城乡居民消费总规模不断扩大。1978~2014 年，城乡居民最终消费支出从 1759.1 亿元增长到 24.29 万亿元。2014 年，农村居民消费总规模达到 5.46 万亿元，城镇居民消费总规模达到 18.83 万亿元。2012 年城乡居民消费增量超过 2.3 万亿元，相当于 20 世纪 90 年代中期一年的总消费量。

（2）消费结构不断升级。城乡居民消费结构沿着"生活必需品—耐用消费品—服务消费品"的次序不断升级。

第一，从生存型消费向发展型消费升级。从发展阶段出发，课题组把居民消费划分为生存型消费和发展型消费，前者包括食品和衣着支出。过去 20 余年来，我国城乡居民生存型消费需求比重逐步下降，分别从 1990 年的 67.61% 和 66.57% 下降到 2014 年的 38.19% 和 39.66%。值得关注的是两个时间点，即在 2000 年和 2006 年，城乡居民的发展型消费首次超过生存型消费。这表明我国经济增长的需求端开始发生质变。

第二，从物质消费向服务消费升级。全社会对服务的需求快速增长，明显超过物质消费增长速度。以城乡居民医疗保健、交通通信、文教娱乐三项服务需求为例：在城镇居民方面，1985~2012 年，城镇居民人均消费性支出年均增长 12.62%，其中医疗保健、交通通信、文教娱乐三大类支出的年均增速为 16.69%，超过人均消费性支出增速 4 个百分点以上；这三大类消费支出占人均消费性支出的比重从 1985 年的 12.79% 上升到 2012 年的 33.3%。在农村居民方面，1985~2012 年，农村居民人均生活性消费支出年均增长 11.44%，这三项支出年均增速为 16.59%，超出人均生活性消费支出增速 5 个百分点。

第三，从传统消费向新型消费的升级。随着温饱问题的解决，人们对绿色消费、信息消费、便捷消费等新型消费需求进一步提高。

2. 消费主导企业进行转型和产业升级

消费主导经济转型有其特定的背景与客观基础：①经过 30 多年的改革开放，我国由生存型阶段进入发展型新阶段，全社会消费释放的大趋势正在形成；②未来 5~10 年经济增长的前景，在很大程度上取决于能否充分释放 13 亿人消费需求的巨大潜力；③需要尽快实现从投资出口拉动向消费主导新增长方式的转变，以走出一条消费主导经济转型的新路子。

由"中国制造"向"中国创造"转变，我国大多数产业在全球产业链中处于较低部位，其发展路径是基于国外产业既有发展模式，由低向高不断升级的过程。由于在每个发展阶段的产业升级中，往往复制国外成熟的技术路线、市场开发路线，因而企业投资很容易"英雄所见略同"，于是出现"潮涌现象"，在某一阶段大量资金进入这些项目，仅几年就造成产能严重过剩，导致企业普遍开工不足、市场价格下跌、大量企业亏损破产、银行呆账坏账急剧上升的严重后果。2009 年 8 月国务院常务会议明确指出："一些行业产能过剩、重复建设问题仍很突出，不仅钢铁、水泥等产能过剩的传统产业仍在盲目扩张，风电、多晶硅等新兴产业也出现重复建设倾向。"

因此，应当采取措施重视改善供给，即调整优化产业结构，走出低端经济增长模式。一是提升企业生产的产品在全球的核心竞争力。如果国内需求更能有效地支撑全国经济增长，就必须使自身的有效供给能较大份额地占有需求空间，否则内需的扩大，可能就会直接为国外生产能力过剩、供过于求的出口商品转向我国供给提供市场容量。二是实施"高端起飞"战略，依靠科教资源等高级生产要素优势，促进产业从"苦笑曲线"转向"微笑曲线"，从"制造"转向"创造"。三是要把承接产业转移与产业升级相结合，促进产业承接高端化和产业体系现代化，根本性转变过去低端复制或简单承接沿海产业转移发展模式，否则中西部就只能是沿海发达地区产业转移的"二传手"，无法承担拉动内需的战略平台重任。

另外，消费领域中的服务业发展是一个大的趋势。未来5~8年，是服务业加快发展的重要阶段，这将有效缓解服务业供给缺口，释放居民被抑制的消费需求。例如，目前我国健康产业仅占国内生产总值的5%左右，而美国2009年就达到了17.6%。如果我国健康产业占比达到10%，按2012年经济总量估算，也将有2.6万亿元的增量空间。再如，当前我国潜在的文化消费能力是4万多亿元，2013年仅为1.6万亿元左右，大约有3万亿元的空间没有释放出来。如何抓住机遇，开展健康养老产业，包括健康医疗产品研发、加工，以及季节性养老等新型养老服务业。

3. 消费模式创新推进工业企业转型发展

积极推动商业模式创新，高度重视智能技术、物联网、新能源、低碳等技术进步对原有产业边界和运行机理的突破，促进工业化和信息化的深度融合，创新产品，创新供给，引领需求，开拓新的消费领域，发挥新技术、新理念对消费需求的导向和引领作用。

据统计，当今美国企业占60%的创新是商业模式创新，

40%的创新是技术创新。商业模式创新就是基于互联网和新技术的应用，通过内部流程重构以及对外部资源的整合利用，来细分市场，创造需求，为客户创造新价值。商业模式创新离不开新技术，但它比技术创新更现实。沃尔玛、迪士尼、好莱坞、星巴克等许多国际著名企业都没有真正意义上的核心技术，但都拥有独特的商业模式，从而长期在产业价值链高端称雄。

商业模式创新借助信息化技术实现了对原有产业边界和运行机理的突破，无疑是中国企业开拓国内市场的重要抓手。推进商业模式创新，要突出两个方面的结合：一是线上与线下相结合。引导企业利用互联网（含移动互联网）和信息技术，突破外部资源利用的时空界限，对产品设计、品牌推广、营销方式、渠道物流、支付结算、售后服务等环节进行革新，发挥实体店展示、体验功能，以新型业态促进线下生产与销售。二是制造与服务相结合。以价值链、产业链延伸为重点，引导企业依托制造优势发展服务业，促进先进制造业与工业设计、信息软件、文化创意、服务外包、节能环保、物流、金融等现代服务业融合发展。另外，突出原始创新、集成创新和引进消化吸收再创新，突破关键核心技术，加快构建以企业为主体、产学研结合的技术创新体系，增强自主创新能力。运用先进适用技术和高新技术改造提升传统产业，通过增量投入带动存量调整，优化工业投资结构，推动工业整体素质跃上新台阶。健全技术标准，强化企业质量主体责任，推动企业建立全员、全方位、全生命周期的质量管理体系。鼓励企业制定品牌发展战略，支持企业通过技术创新掌握核心技术，形成具有知识产权的名牌产品，不断提升品牌形象和价值。加快完善与消费相关的基础设施建设，为拓宽城乡市场、扩大居民消费创造有利条件，促进消费结构稳步升级。

## 二、产业升级对扩大内需的影响和作用

### （一）产能过剩问题是由于没有有效针对我国内需

在 2002~2014 年的 13 年里，我国固定资产投资增速过快，均保持在 20%以上，而消费增幅均处于 9%~13%，投资增长与消费增长已严重失衡。当前的投资即为未来的供给，供给增长持续快于需求增长，必然造成日后的产能过剩问题。国际金融危机爆发前，大量的出口在一定程度上掩盖了我国的产能过剩问题。金融危机爆发后，我国出口出现一定程度的萎缩，产能过剩问题凸显。与此同时，国家实施"四万亿"经济刺激计划和十大产业振兴计划，地方政府争先恐后地铺摊子、上大项目，使产能有可能进一步过剩。工信部发布的 2010 年《中国工业经济运行春季报告》显示，我国原材料、船舶、纺织工业的产能过剩问题极其严重，钢铁行业产能过剩已达 1.7 亿吨，而且产能仍在盲目扩张。但我国内需却一直没有得到有效扩大。

### （二）工业转型升级需要瞄准内需

借鉴日韩的经验，未来我国可以通过着眼长远的产业政策，积极培育新的增长点，通过技术的创新创造新的需求。在高技术领域创造条件鼓励知识型人才自主创业，在环保、装备产业创造优先购买自主品牌产品的政策环境，在研发环节鼓励高校与产业的技术融合和产业技术战略联盟的建立，创造有利于新兴技术特别是产业核心技术持续迭代创新的风险投资环

境，推动核心技术创新自主化、商品化、产业化，不走低水平扩张之路。

产业结构的优化是长期的、渐进的过程，不能指望一蹴而就，产业结构的优化也是有历史阶段的，中国每一阶段的产业结构的重大变化都能在发达国家的历史进程中找到类似的影子，但又不是简单的重复。不能主观设定某一时期的产业优化结构，近几年各地一窝蜂地大上光伏、风电项目，致使这些头顶战略性新兴产业光环的多数企业深陷困境，其教训值得吸取。美欧国家的现状并不能说就是优化的结构，不代表中国发展的必然未来，中国要走自己的产业升级之路。既要加快发展战略性新兴产业，也要推动传统产业的转型升级。产业转型升级要防止两种倾向，一种倾向是运用太多的政府资源，通过行政手段、补贴方式发展新兴产业，从而产生"动机扭曲"，使新兴产业过早长成了没有核心技术的"巨人"，成为新的缺乏竞争力的低端产业。另一种倾向是不考虑需求结构，以发达国家标准盲目要求提高服务业的比重。

### （三）以"三新"升级产业是未来需求的主要增长点

"三新"指新兴产业、新兴应用和新兴领域。新兴产业主要包括通信科技、移动互联、智能产品等相关行业，其新增需求增长较快，2014 年耐用消费品的增速回升就与通信制造业的需求增长有关。传统行业的新兴应用和新兴领域主要包括传统行业中的高技术、高附加值、节能环保、创意产品等细分领域。如建材行业中的特种陶瓷、耐火材料等新材料，船舶行业中的海洋工程设备，化工行业中的环保产品等，均属于需求旺盛、潜力较大的细分领域。这些工业产品的生产以技术密集、资本密集为主，以技术创新力为主要竞争点。未来，需求的分化将在中长期内延续，对传统工业品的需求将继续减弱，对新兴工业品的需求将继续增强。

**（四）塑造品牌，促进产业升级是扩大内需的主要手段**

经过多年来的努力，中国已经成为一个制造业大国，存在低成本和低价格优势，然而随着居民收入水平和消费档次的提高，中国已丧失成本优势，产品特性方面的竞争越来越成为企业竞争的最主要内容，在这方面中国存在明显的竞争劣势，国家政府应采取措施强化制造业竞争力，促进制造业转型升级，让企业从被动接受到主动改变，为振兴民族工业增添新动力，激发新活力。

作为国内企业"本土品牌"更应从自身入手深刻反省、寻找差距、对标先进，促进本土产业的升级，而不能一味地仿造别人制造"山寨货"。赶上我国经济改革的热潮，抓住机遇，着力完善体制机制，推进转型创新，摒弃山寨产品，向国际知名品牌的技术含量看齐，打造走向世界的"made in China"品牌，争取早日在世界上给中国品牌"正名"。

现阶段，我国有很多知名品牌，这些品牌都是伴随着一种消费模式而兴起的，我国企业要在新兴消费上挖掘潜力，创造出一批新品牌。

我国工业企业要适应消费需求变化、激活可观的潜在市场，必须将质量提升和品牌建设作为市场竞争的主要手段。提高企业质量管理水平，首先要建立健全企业质量管理体系，严格企业质量主体责任，严格执行重大质量事故报告及应急处理制度。其次要鼓励和引导企业采用卓越绩效模式、六西格玛管理、精益生产等质量管理方法，推广 ISO9000 系列质量管理标准及 GMP 和 HACCP 管理体系标准。最后要推动建立新的质量工程技术人员人才评价制度，实施卓越工程师计划、企业质量管理人才素质提升工程、国家高技能人才振兴计划，促进技能人才队伍建设。加快品牌建设，关键是通过创新提高品牌的差异化价值，通过强化管理来提升品牌的资产价值，依靠产品质量、设计水平提升，技术不断革新，市场运作有序，终端形象和服务建设良好，最终实现品牌的整合传播。

## 三、扩大消费需求与工业转型发展实证分析

### （一）工业增速的回落主要体现在消费品的需求减弱

近年来工业增长减速，缘于工业品需求结构的变化。2008年以来，工业经济总体上呈减速运行的态势，又分为两个阶段：2008~2009年，由全球金融危机的爆发为导火索，规模以上工业增加值同比增长由2007年18.5%的高位迅速下滑至2008年的12.9%和2009年的11.0%；在经济刺激政策的作用下，2010年的增长速度短暂回升至15.7%，但随后又出现了逐年放缓的态势，2011年、2012年、2013年1~11月增长速度分别为13.9%、10.0%和9.7%（见图3-1）。从需求因素看，全球金融危机爆发以来我国工业经济增长周期性的回落，并非仅是短期有效需求的不足，而是中长期工业品需求结构发生明显变化导致的。

支撑工业生产的是形成实际购买力的有效需求。从工业品需求的性质来看，工业行业可以依照生产产品的流向划分为投资品生产行业和消费品生产行业。投资品生产行业指所生产的产品流入工业再生产领域的工业行业，包括原材料类投资品行

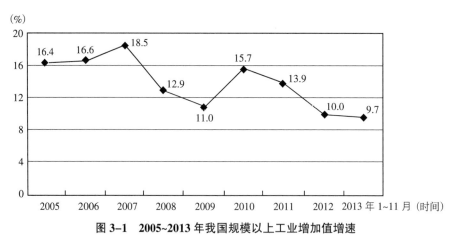

图 3-1　2005~2013 年我国规模以上工业增加值增速

资料来源：国家统计局网站。

业和装备类投资品行业；消费品生产行业指所生产的产品流入
居民消费领域的工业行业，包括耐用消费品行业和一般消费品
行业。从工业品需求的来源来看，工业增长可以分解为内需拉
动和外需拉动两部分。将工业增长按贡献率进行分解，计算各
类行业对工业增长的拉动百分点以及其中内需、外需分别拉动
的百分点，可以分析工业增长减速的原因（见表 3-1）。

表 3-1　2005~2013 年各类行业对工业增长的拉动百分点　　　　单位：%

| | | 2005 年 | 2006 年 | 2007 年 | 2008 年 | 2009 年 | 2010 年 | 2011 年 | 2012 年 | 2013 年 |
|---|---|---|---|---|---|---|---|---|---|---|
| 对工业增长的拉动百分点 | 总计 | 16.40 | 16.60 | 18.60 | 12.90 | 11.00 | 15.70 | 13.90 | 10.00 | 9.70 |
| | 原材料投资品 | 6.44 | 6.34 | 7.18 | 4.71 | 4.68 | 5.51 | 5.47 | 4.20 | 3.80 |
| | 装备投资品 | 3.08 | 3.40 | 3.98 | 3.36 | 2.11 | 3.52 | 2.92 | 1.68 | 1.77 |
| | 耐用消费品 | 1.88 | 2.28 | 2.20 | 0.97 | 1.04 | 2.26 | 1.56 | 0.98 | 1.33 |
| | 一般消费品 | 5.00 | 4.58 | 5.24 | 3.85 | 3.17 | 4.40 | 3.94 | 3.14 | 2.80 |
| 其中：内需对工业增长的拉动百分点 | 总计 | 13.10 | 13.61 | 15.96 | 12.13 | 12.69 | 13.97 | 13.08 | 9.60 | 9.41 |
| | 原材料投资品 | 6.14 | 5.97 | 6.94 | 4.70 | 5.31 | 5.33 | 5.41 | 4.23 | 3.76 |
| | 装备投资品 | 2.28 | 2.50 | 2.94 | 2.72 | 2.53 | 2.87 | 2.64 | 1.58 | 1.74 |
| | 耐用消费品 | 0.47 | 1.30 | 1.45 | 0.83 | 1.43 | 1.73 | 1.22 | 0.73 | 1.18 |
| | 一般消费品 | 4.21 | 3.84 | 4.63 | 3.88 | 3.42 | 4.04 | 3.81 | 3.06 | 2.72 |

| 其中：外需对工业增长的拉动百分点 | | 2005 年 | 2006 年 | 2007 年 | 2008 年 | 2009 年 | 2010 年 | 2011 年 | 2012 年 | 2013 年 |
|---|---|---|---|---|---|---|---|---|---|---|
| | 总计 | 3.30 | 2.99 | 2.64 | 0.77 | −1.68 | 1.74 | 0.83 | 0.40 | 0.29 |
| | 原材料投资品 | 0.29 | 0.38 | 0.24 | 0.01 | −0.63 | 0.18 | 0.07 | −0.03 | 0.04 |
| | 装备投资品 | 0.81 | 0.90 | 1.04 | 0.65 | −0.42 | 0.66 | 0.29 | 0.10 | 0.02 |
| | 耐用消费品 | 1.41 | 0.98 | 0.75 | 0.14 | −0.38 | 0.53 | 0.34 | 0.25 | 0.15 |
| | 一般消费品 | 0.79 | 0.73 | 0.61 | −0.03 | −0.25 | 0.37 | 0.13 | 0.08 | 0.08 |

资料来源：国家统计局网站。

从各类行业对工业增长的支撑作用来看，按各年平均的贡献率从大至小排序，原材料投资品生产行业的贡献率为39.2%，一般消费品生产行业为28.9%，装备类投资品生产行业为18.2%，耐用消费品生产行业为13.7%。原材料投资品和一般消费品作为工业增长拉动作用最大的两类行业，其拉动百分点的回落幅度也最大，以增长相对平稳的2005年进行比较，拉动百分点分别从6.44个和5.00个百分点回落至2013年的3.80个和2.80个百分点，且2010年以后呈逐年回落态势。装备投资品和耐用消费品的拉动百分点，分别从2005年的3.08个和1.88个百分点回落至2013年的1.77个和1.33个百分点，回落幅度相对较小，且2013年比2012年还有所回升。

**（二）工业企业增速下降：外需回落是诱因，内需回落是主因**

与2005年、2006年16%以上的工业增长速度相比，经过2008~2009年和2011~2013年两个阶段的增速回落，2012年、2013年的工业增长速度已经放缓约6个百分点至10%左右，其中内、外需的影响各约3个百分点。但如果分阶段看，外需对工业增长的拉动在2005年就已达到3.3个百分点的峰值，此后逐年缓慢回落，2008年全球金融危机爆发后，外需对工业增长的拉动大幅下降到 0.77 个百分点，2009 年则为负拉动 1.68 个百分点，此后在短暂回升后持续低位徘徊，而内需对工业增长的拉动在全球金融危机爆发前后没有大的变化。由此证明 2008~2009 年工业增长速度的回落主要是由外部冲击引起的。

与 2005 年相比，内需对工业增长的拉动在 2008 年全球金融危机爆发后由 13.1 个百分点变为 12.13 个百分点，仅回落不到 1 个百分点，此后恢复至全球金融危机爆发前 2005 年的水平。但内需对工业增长的拉动在 2012~2013 年则大幅下降到 9.6 个和 9.41 个百分点，比全球金融危机爆发前后还要低 3 个百分点以上。这是在世界经济有所恢复和好转的情况下发生的，表明全球金融危机爆发后我国工业经济增长从 2011 年以来的回落主要是内需不足引起的。这深刻地说明我国经济增长面临的问题，即正在由主要受短期外部冲击向内生增长动力不足的方向转化，由浅层次的问题向深层次的矛盾转化。2013 年工业增速虽继续回落，但也不乏亮点。

一是工业增长速度的回落幅度明显收窄并出现趋稳势头，2010~2012 年，规模以上工业增加值同比分别增长 15.7%、13.9%、10%，2013 年增长 9.7%，增速较 2012 年回落 0.3 个百分点，明显小于 2011 年、2012 年的 1.8 个和 3.9 个百分点的回落幅度。二是分行业看，新兴行业的态势好转而传统行业继续放缓，耐用消费品生产行业增速在 2013 年内连续回升增长 13.1%，较 2012 年加快 3.4 个百分点；装备投资品生产行业也有所回升，增长 9.9%，较 2012 年加快 0.4 个百分点；原材料投资品生产行业增长继续放缓，增长 9.1%，较 2012 年回落 0.5 个百分点；一般消费品行业生产行业增速回落，增长 9.6%，较 2012 年回落 1.5 个百分点。可以看出需求结构出现一些积极变化：耐用消费品和装备投资品需求出现回升，原材料投资品与一般消费品需求继续回落。

### （三）工业企业产品内部落后导致竞争力低下，消费下降

随着国际分工在产业内部甚至产品内部的深化，供给结构的先进程度越来越体现在细分领域上。《中国产业竞争力报告》指出，我国虽然被划入中上等收入国家行列，但产业竞争优势的结构并没有转到中高技术产业占主导的阶段，产业竞争力结构存在明显缺陷，竞争力仍然为低技术产业主导，高科技产品在国际市场上的占有率主要由外资企业带动；创意型产业总体素质不高；战略性新兴产业虽然受到国家政策的大力支持，并表现出一定的竞争力，但其发展受制于研发能力和技术储备不足的制约。

在国际产品链的分工中，附加值高的上游产品或深加工的工序，我国仍然较为缺乏。行业中耗能量大、附加值低的中低端产品生产过剩，而对于技术含量高、附加值高的高品类产品生产不足。如对于钢铁行业，主要钢材产品中比重占前五位的为钢筋、线材、中厚宽钢带、棒材和热轧窄钢带，多为中低级产品，合计约占钢材产量的60%，而附加值较高的冷轧薄宽钢带、冷轧薄板占比均不到5%。这种落后的供给结构主要缘于我国经济增长过度依赖于房地产业和政府投资拉动。在国际价值链的分工中，研发设计、营销物流和关键零部件是价值链的三大关键环节，占据了大部分的利润空间，而我国的工业品供给仍以加工制造为主。在产业集中度方面，我国的工业品生产行业普遍存在集中度低、地理布局分散、国内同质产品无序竞争严重的情况。

（四）工业企业依赖成本优势竞争已经难以持续，产业的技术优势亟待提升

在我国工业经济 30 多年的高速增长中，为提升成本优势，扩张产能、摊薄成本往往成为工业企业普遍依赖的发展路径。因此造成在工业品生产方面积累了巨量的生产能力，特别是在原材料投资品、一般消费品生产方面，多种工业产品的生产能力位居世界第一，但主要以中低端产品为主。目前我国的钢铁、有色、建材、船舶等多个工业行业均面临产能严重过剩的现象。2012 年末，我国粗钢的生产能力超过 10 亿吨，水泥的生产能力超过 31 亿吨，电解铝的生产能力超过 2400 万吨，造船能力占世界近一半，而产能利用率均未超过 75%。由于核心技术、关键零部件制造能力、大宗原材料产品定价权的缺乏，成本优势效力有限，产能过剩导致企业无序竞争加剧、利润水平下降、负债率和亏损面增加。在 2013 年利润率最低的五个大类工业行业中，有三个是原材料类投资品生产行业，其中，石油加工及炼焦业利润率为 1.04%，黑色金属冶炼和压延加工业利润率为 1.79%，有色金属冶炼和压延加工业利润率为 2.67%，明显低于整个工业 5.77% 的利润率。随着需求结构的变化，产业的技术优势亟待提升。

（五）从成本优势向技术优势跨越，是我国工业转型升级的方向

转型升级的目的是为了使经济更健康、可持续地发展，转型成功的标志，是在达到中等收入状态之后继续保持较快的增长，跨越中等收入陷阱，进入高收入国家行列。从成本优势向技术优势跨越，是我国工业转型升级的主要方向。

1. 从成本优势向技术优势跨越，是跨越中等收入陷阱的必由之路

根据世界银行数据，中国在 20 世纪 90 年代末由低收入进入了下中等收入经济体行列，而在 2010 年已经迈入了上中等收入经济体的行列。如何继续保持较快增长，实现从中等收入向高收入经济体的跨越，是大多数发展中国家面临的普遍难题。世界银行 2012 年《避免中等收入陷阱》报告中指出，第二次世界大战以后大量的经济体通过持续高速增长从低收入进入了中等收入状态，而在继续向高收入状态迈进时，许多国家的经济增长和生产率提高的速度明显下降，经济发展陷入放缓或停滞的状态，这种现象被称为"中等收入陷阱"。1960 年的 101 个中等收入经济体中，截止到 2008 年仅有 13 个成为高收入经济体。

"中等收入陷阱"之所以会出现，主要原因是在一个经济体从低收入状态向中等收入状态转变时，可以通过劳动力从农业向制造业的转移，引进与模仿国外技术，在国际市场中以低成本优势出口劳动密集型产品等途径来实现高速增长。在达到中等收入状态时，可转移的劳动力逐渐枯竭，国外转移的技术边际收益减少，工资等要素成本上升，使工业制成品在国际竞争中的成本优势下降，于是容易停滞在中等收入状态。简言之，进入中等收入阶段的经济体原有的低成本优势逐步丧失，在中低端市场难以与低收入国家竞争，但在中高端市场则由于研发能力和人力资本等条件制约，又难以与高收入国家抗衡。在这种上下挤压的状态下易造成增长动力不足。要跨越"中等收入陷阱"，必须通过高端基础设施系统的建设（特别是高速信息和宽频网络技术设施的建设）、知识产权的保护、劳动力

技术水平的提升，实现从技术的模仿到技术的创新，从成本优势向技术优势的跨越。

2. 在传统行业提质增效，整合重组，存量优化

从长期看，产业格局的调整需要降低高耗能行业等原材料投资品生产行业的比重，提高战略性新兴产业、高技术产业等装备投资品和耐用消费品生产行业的比重。在短期内，在保持经济总体稳定的要求下，产业格局的转变难以一蹴而就。如高耗能行业目前占工业经济总体的份额仍然为近30%，而高技术行业份额仅不到10%，并且高技术行业的发展需要长期的技术、人才和经验积累，其比重难以在短期内提高。传统行业应着眼于提质增效，结构调整，产业整合，打破区域分割，加大并购重组力度，通过企业重组、产能重组，提高产业集中度，优化产能结构。结构调整更有效的着力点在于产业内部的优化升级以及细分领域的调整，比如传统行业技术创新，在夕阳产业中寻找朝阳的细分行业，通过企业更新环保设备、加强技术升级、提升产品品类和品质，不仅可以带动高技术等相关产业的需求，还可以通过存量的优化提高传统产业的竞争优势。

3. 在新兴行业推动自主创新和核心技术产业化

目前新兴行业的创新力不足的原因之一，缘于我国参与国际分工的方式以吸纳外商直接投资并发展加工装配环节为主。日本和韩国的技术引进较少采取成套技术直接引进的方式，而是采用分解引进、分解研究的方式，通过引进技术的消化吸收创新推动新产品的商品化、培育自己的品牌企业，并在技术成熟的阶段建立产业战略联盟，整合整个国家同一产业的技术资源实施全球化竞争战略。借鉴日韩的经验，未来我国可以通过

着眼长远的产业政策，积极培育新的增长点，通过技术的创新创造新的需求。在高技术领域创造条件鼓励知识型人才自主创业，在环保、装备产业创造优先购买自主品牌产品的政策环境，在研发环节鼓励高校与产业的技术融合和产业技术战略联盟的建立，创造有利于新兴技术特别是产业核心技术持续迭代创新的风险投资环境，推动核心技术创新自主化、商品化、产业化，不走低水平扩张之路。

世界上少数高收入国家60%~80%的服务业比重是与它们的高收入水平相适应的，而中等收入经济体合理的、有效率的、有竞争力的产业结构，一定是一个以制造业为主、以一般服务业为主，逐步发展高新技术产业和高端服务业的产业结构。在1960年的101个中等收入经济体中，仅有13个至2008年成为高收入经济体，大多数经济体都没能跻身"高收入俱乐部"，掉入"赶超陷阱"。如巴西是掉入"赶超陷阱"的典型，巴西于1975年就已经达到中等收入水平，但至今仍未能跻身高收入经济体。1950~1980年，巴西的GDP年均增速为6.8%，而在1981~2000年这20年，则大幅降至2.2%。一旦增速放缓，过去高增长掩盖下的低效率问题就完全暴露。其主要问题就是过度消费，投资率低，积累少，高利率水平打击了实体经济，企业活力不足，放任外资主导产业命脉，制造业逐渐衰败，工业转型失败，本来是想通过提高服务业的比重以提升产业结构，反而加速了"中等收入陷阱"的到来。

**参考文献**

[1] 迟福林：《推进消费主导的经济转型与改革》，《当代经济》，2012年第2期（下）。

[2] 樊纲：《"服务业赶超"批判：发展服务业不能打压制造业》，《第一财经日报》，2008年9月26日。

[3] 葛兆强：《消费增长、分配制度改革与经济发展方式转变》，《南都学坛》（人文社会科学学报），2012年第2期。

[4] 辜胜阻、李华、易善策：《城镇化是扩大内需、实现经济可持续发展的引擎》，《中国人口科学》，2010年第3期。

[5] 何锦义：《数量评价标准手册》，中国统计出版社2011年版。

[6] 胡迟：《"十二五"以来制造业转型升级：成效、问题与对策》，《经济研究参考》，2012年第57期。

[7] 江源：《我国工业经济中期增长趋势分析及政策建议》，《调研世界》，2012年第3期。

[8] ［韩］金麟洙：《从模仿到创新——韩国技术学习的动力》，刘小梅、刘鸿基译，新华出版社1998年版。

[9] 孔泾源：《"中等收入陷阱"的国际背景、成因举证与中国对策改革》，《改革》，2011年第10期。

[10] 厉以宁：《自主创新、扩大内需和转变经济发展方式》，2010年11月15日，http://star.news.sohu.com/20101115/n277624486.shtml。

[11] 梁敏：《转变经济方式扩内需是重中之重》，《上海证券报》，2011年1月13日。

[12] 刘戒骄：《生产分割与制造业国际分工——以苹果、波音和英特尔为案例的分析》，《中国工业经济》，2011年第4期。

[13] 南亮进：《经济发展的转折点：日本经验》，社会文献出版社2008年版。

[14] 戚义明：《改革开放以来扩大内需战略方针的形成和发展》，《党

的文献》，2009 年第 4 期。

［15］日本经济产业省：《日本新经济增长战略》，中信出版社 2009 年版。

［16］韦洛索：《跨越中等收入陷阱：巴西的经验教训》，经济管理出版社 2013 年版。

［17］杨少浪、李华、赖晓燕：《金砖国家及亚洲主要地区经济增长与产业结构研究》，《调研世界》，2013 年第 3 期。

［18］余斌、陈昌盛：《扩大消费需求与推进发展方式实质性转变》，《中共中央党校学报》，2010 年第 6 期。

［19］余斌：《扩大消费需求："十二五"的一项战略任务》，《政策瞭望》，2010 年第 12 期。

［20］中国社科院工业经济研究所：《2012 年中国产业竞争力报告》，2011 年。

# 第四章　工业化与城市化协同发展

在现代经济增长中，工业化进程反映着资源要素向工业部门集中所导致整个经济产出能力的迅速增长；城市化则凸显了由于人口空间分布变动所带来的行为和生活方式变化等社会后果。改革之前，中国工业化和城市化被制度性地分隔开来；改革以来，两者也出现了一定程度的脱节，表现为独立于城市化之外的乡镇工业异军突起、农民工被城市化进程所排斥以及以建制镇为重心的城市化道路承载工业化乏力等。在全球金融危机引发的经济下行趋势下，中国工业化迫切需要通过与城市化协同发展来进一步发挥劳动力资源丰富的比较优势，更重要的是以此加快供给侧改革，激活、开拓国内消费需求，实现经济增长的动力转型。

## 一、工业化与城市化的偏离：历史的回顾

从 1949 年至改革开放的这一阶段，城市化进程基本上为政府力量所主导。虽然城市发展取得了一定的成就，但由于优先发展重工业这一战略目标的确立，城乡之间在体制上被分割

开来，城市产业结构和城市化进程都出现了比较明显的偏离和脱节。

## （一）大起大落的城市化进程

新中国成立后，中国政府选择了优先发展重工业的工业化道路。在优先发展重工业战略带动下，城市化进程一度显著加快。在国民经济恢复和"一五"建设时期，随着156项重点工程建设的开展，全国出现了一批新兴的工矿业城市。同时，还对武汉、成都、太原、西安、洛阳、兰州等老工业城市进行了扩建和改造，加强发展鞍山、本溪、哈尔滨、齐齐哈尔、长春等大中城市。一大批新建扩建工业项目在全国城市兴建，对土地、劳动力的需求和对城市建设、经济发展以及服务业的兴起，都起到了有力的推动作用。[①] 到1957年底，城市数量由新中国成立初的132个增长到176个，城镇人口占总人口的比重由10.6%上升到15.4%。

"大跃进"期间，农村人口大量流入城市，城市化进程也出现"过热"苗头。1957~1960年，全国城市数量由176个增加到208个，全国职工猛增2860万人，城镇人口平均增加833万，平均增长率高达9%，城镇人口占全国总人口比重由15.4%迅速上升到19.7%，每年平均上升1.4个百分点。这一时期，全国重工业产值年均增速高达49%，轻工业年均增速只有14%。产业结构的失衡使农村人口向城市的大量流入迅速为城市经济带来巨大的压力。

在随后的国民经济调整期，不得不减少城市人口，压缩城

---

① 国家统计局：《新中国50年系列报告分析之三：城市化进程稳中趋快》，http://www.stats.gov.cn/tjfx/ztfx/xzgwsnxlfxbg/t20020605_21420.htm。

市功能，城市化出现罕见的"逆向"发展态势。1961~1963 年，全国共精减职工 2546 万人，其中 1641 万人从城镇回到农村；全国城镇人口共减少 2600 万人，形成了近代中国历史上罕见的大规模城乡人口流动浪潮。到 1965 年底，全国城市数量降至 168 个，城市化水平降至 18.0%。这一时期，一部分新设置的市恢复到县级建制，如榆次、侯马、岳阳等；另一部分地级市实行降级，成为县级市，如石家庄、保定等。

"文化大革命"的十年，我国城市化进程基本停滞。这主要是受到两方面因素的约束：一是用行政力量和思想动员迫使知识青年下乡；二是出于对国际政治形势的严峻估计，进行"三线"建设，沿海工厂大量内迁。1966~1978 年，全国城市数量只增加 25 个，城市非农业人口长期停滞在 6000 万~7000 万人，城市化水平在 17.5% 上下徘徊。

**（二）工业化与城市化出现偏离**

改革之前，工业化的战略重心在于优先发展重工业，再加上实行高度集中的计划经济体制，使农业、轻工业和服务业的发展以及城市基础设施的建设付出了沉重的代价。到"一五"期末，全国的产业结构状况发生了重大变化。工业占 GDP 比重由 1952 年的 17.6% 上升到 1957 年的 25.4%，重工业占全部工业总产值比重由 37.3% 上升到 45.0%。经历了"大跃进"中重工业超前、孤立增长与国民经济调整时期的短暂恢复，进入"文化大革命"之后，产业结构进一步刚性化，结构失衡问题加剧。到 1978 年，工业占 GDP 比重由 1965 年的 31.8% 上升到 44.3%，服务业则由 27.0% 下降到 23.7%。重工业占全部工业总产值比重则由 1966 年的 50.7% 上升到 56.7%。

重工业超前发展的工业化道路，严重抑制了对劳动力就业有强吸纳能力的轻工业和服务业的发展，使城镇非农产业就业机会极其有限，从根本上牢牢地束缚住了城市化发展的空间。1952～1978 年，在国内生产总值中，农业所占份额由 50.5% 下降到 28.1%，平均每年下降 0.86 个百分点；同期农业劳动力占全社会从业人员的份额只由 83.5% 下降到 73.5%，平均每年下降 0.38 个百分点。越来越多的劳动力只能继续滞留在农业部门，农村实际上被排除在国家工业化进程之外。

这种过于强调重工业发展的工业化道路不仅破坏了城市化的经济基础，也决定了必须在制度上把城乡分割开来，由政府依靠行政力量来主导城市化进程，严格控制城市资源的分配和使用。这些制度安排主要包括只面向城镇居民的劳动力就业、食品供应和社会保障制度，以及与此相对应的户籍管理制度。这些制度不仅规定了中国公民对出生地的依附关系，限制了人口的区际流动，也从根本上剔除了乡村人口进入城市工作和生活的可能性。[①]

改革开放之前，中国的工业化与城市化出现了比较严重的分离。1952～1978 年，城镇人口占全国总人口比重平均每年仅提高 0.21 个百分点，而工业占 GDP 比重年均提高 1.03 个百分点，工业化率的变动速度是城市化率的近 5 倍。工业化与城市化的差距由 1952 年的 5.1 个百分点扩大到 1978 年的 26.2 个百分点，城市化率与工业化率之比也由 1952 年的 0.71 降至 1978 年的 0.41（见图 4-1）。应该说，优先发展重工业战略是其后导致我国经济结构失衡、二元社会结构形成、

---

① 叶裕民、黄壬侠：《中国新型工业化与城市化互动机制研究》，《西南民族大学学报》（人文社科版），2004 年第 6 期。

工业化与城市化脱节的主要原因。[1]

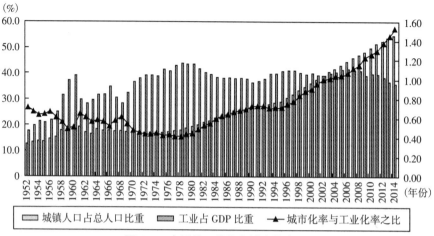

图 4-1　中国的工业化和城市化水平

资料来源：1978 年以前数据来自武力主编：《中华人民共和国经济史》，中国经济出版社 1999 年版；1978~2014 年数据来自国家统计局：《中国统计年鉴 2015》，中国统计出版社 2015 年版。

## 二、工业化与城市化的内在联系逐步得到加强

改革开放以来，中国工业化和城市化进程的动力机制均表现出明显转型特征，市场机制的影响和作用不断得到提升，工业化与城市化的发展进程明显加快，二者的经济联系随之也逐步得到加强。

### （一）市场化改革带动城市化进程显著加快

1978 年以来，中国的城市化得到了空前的发展，城市的数量、人口、产业与社会事业增长迅猛。改革初期，大约有 2000 万"上山下乡"的知识青年和下放干部返城并就业，高考的全面

---

① 张松山：《新农村建设和我国城市化道路的选择》，《北方经济》，2006 年第 12 期。

恢复和发展也使一批农村学生进入城市；以家庭联产承包责任制为主的农村经济体制改革，有力地促进了农业劳动生产率的提高，城乡集市贸易的开放和迅速发展，使大量农民进入城市和小城镇，出现大量城镇暂住人口。此外，这一时期开始崛起的乡镇企业以及 20 世纪 80 年代中期开展的城市经济体制改革，也在客观上促进了城市特别是小城镇的发展。城市化水平由 1978 年的 17.9%上升到 1988 年的 25.8%，城市化得到恢复性发展。

1992 年以后，在大规模城市建设、小城镇发展和经济开发区普遍建立的推动下，城市化进程进入全面发展阶段。1992~2008 年，我国的城市化率由 27.6%提高到 45.7%，年均提高 1.13 个百分点。特别是 1998 年以来，城市化率平均以每年 1.53 个百分点增长。到 2007 年底，我国城市数量已达 655 个，[①]比 1992 年增加 176 个，增长 36.7%，平均每年增加约 11 个；全国地级及以上城市（不包括市辖县）2007 年末总人口为 37156 万人，行政区域土地面积为 62.2 万平方公里，分别比 1978 年增长 1.2 倍和 2.2 倍。城市已成为中国经济发展的重要载体。

到 2007 年底，在全国 655 个城市中，200 万人以上城市为 36 个，占全国城市的 5.5%；100 万~200 万人口的城市为 83 个，占全国城市的 12.7%；50 万~100 万人口的城市为 118 个，占全国城市的 18.0%；20 万~50 万人口的城市为 151 个，占全国城市的 23.1%；20 万以下人口的城市为 267 个，占全国城市的 40.8%。从城市规模变动情况看，20 万人口以下的城市增长最为迅猛，这也反映出小城镇与小城市已经成为中国城市化发展的主要力量（见表 4-1）。

---

① 城市数量包括 4 个直辖市、15 个副省级城市、268 个地级市和 368 个县级市。

表 4-1　全国城市规模变动情况

| 城市 | 1978 年（个） | 2007 年（个） | 增加（个） | 增长（倍） |
|---|---|---|---|---|
| 城市合计 | 193 | 655 | 462 | 2.39 |
| 200 万以上人口 | 10 | 36 | 26 | 2.60 |
| 100 万~200 万 | 19 | 83 | 64 | 3.37 |
| 50 万~100 万 | 35 | 118 | 83 | 2.37 |
| 20 万~50 万 | 80 | 151 | 71 | 0.89 |
| 20 万以下 | 49 | 267 | 218 | 4.45 |

资料来源：国家统计局：《改革开放 30 年报告之七：城市社会经济建设发展成绩显著》，2008 年。

### （二）服务经济的崛起有力地支撑了城市化的发展

改革开放以来，我国服务业的发展速度明显加快。按当年价计算，1979~2008 年服务业增加值年均增长 17.9%，分别高出同期 GDP 和工业增加值增速 2.1 个和 2.2 个百分点，对 GDP 增长的贡献率由 1952~1978 年的 22.9%升至 40.3%；三次产业构成由 1978 年的 28.2∶47.9∶23.9，变为 2008 年的 11.3∶48.6∶40.1，初步呈现工业与服务业共同带动经济增长的发展格局。随着产业规模的快速扩大，服务业对劳动力就业的吸纳作用大幅增强。1979~2007 年，全国服务业从业人员年均增长 5.8%，分别高出同期全社会和第二产业从业人员增速 3.5 个和 2.0 个百分点（见图 4-2）；对全社会就业增长贡献率由 1952~

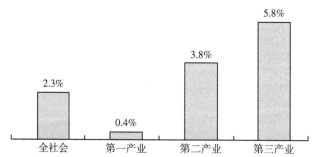

图 4-2　1979~2007 年全社会及三次产业从业人员年均增长率

资料来源：国家统计局：《中国统计年鉴》（各年）。

1978 年的 15.5%大幅度提升至 54.4%，占全部从业人员比重由 1978 年的 12.2%升至 32.4%。

服务业的快速发展打开了中国城市化的发展空间。1979~2007 年，我国服务业新增从业人员 20027 万人，相当于同期城镇新增从业人员总量的 1.01 倍，对全国非农产业就业机会的增长贡献率为 59.4%。运输、零售、修理、家政服务等传统服务业为大批农业劳动力离开土地、进入城市发展提供了可能。2007 年，全国地级及以上城市数量由 1978 年的 111 个增加到 287 个；服务业在这些城市经济中的比重达到 46.2%，占全部从业人员的比重达到 51.1%。可以说，如果没有服务业的高速增长，我国大中城市的发展进程就不会取得如此大的成就。

近十年来，以金融、信息、研发、商务服务为主的生产性服务业在我国大城市经济中的地位进一步提升，成为城市经济的增长引擎。以北京市为例，按当年价计算，2004~2014 年地区生产总值年均增长 13.5%，第一、第二产业年均增长分别为 6.4%和 9.4%，服务业达到 15.0%，生产性服务业更是高达 17.3%。2014 年，服务业占北京市经济的比重为 77.9%，比 2004 年提高 9.9 个百分点；生产性服务业占北京服务业的比重则由 55.1%提高到 67.3%。从增长贡献看，生产性服务业对北京市服务业的增长贡献率达到 71.3%，对地区生产总值的增长贡献率也达到了 58.4%。在这些技术密集型、知识密集型服务业的推动下，我国大城市经济的服务化特征正在不断得到凸显。

从工业化与城市化的数量关系看，城市化率由 1978 年落后于工业化率 26 个百分点，到 2002 年完全持平，再到 2014

年城市化率领先工业化率 18.9 个百分点；城市化率与工业化率之比也由 1978 年的 0.41 大幅度升至 2014 年的 1.53。这种巨变的根本原因在于，受市场化改革的推动，大量生产要素从第一产业转向非农产业的同时，也从农村流入了城市；工业化带动城市化发展，城市化通过集聚效应进一步促进工业化效率提升，这两条发展主线的内在联系得到了有力的强化，中国经济发展的动力也得到了极大的释放。

## 三、工业化与城市化仍有一定的脱节

改革开放以来，中国经济的工业化和城市化进程虽取得了空前的发展，但是困扰和局限城市化正常发展的一些体制性障碍并未得以解决，导致城市发展缺乏产业带动和支撑、农村人口向城市转移不畅等瓶颈性问题仍然比较突出。

### （一）乡村工业化与城市化弱关联

20 世纪 80 年代，在传统体制之外迅猛崛起的乡村工业逐渐成为中国经济发展中的一个独特现象。这一自发的制度改变使成千上万的农民找到了一条参与工业化的现实途径，被誉为继联产承包责任制之后中国农民的又一伟大壮举，中国工业化的历史进程和发展模式也因此得以彻底改变。[①] 1979~1997 年，我国乡村企业数量从 150 万户增加到 2020 万户，乡村企业产值占农村总产值比重由 24%上升到 79%，占国内工业总产值比

---

① 于秋华、于颖：《中国乡村工业发展的制度分析》，《财经问题研究》，2006 年第 12 期（总第 277 期）。

重由 9% 上升到 58%。① 从税收贡献看，1985~1990 年，国家税收净增 773.2 亿元，其中乡村企业净增 166.9 亿元，占全国税收增量的 21.6%；1990~1994 年，国家税收净增 2042.1 亿元，其中乡村企业净增 803.6 亿元，占全国税收增量的 39.4%。此外，乡村企业还是中国制度外非规范性财政收入的主要来源之一。②

乡村企业的生产技术水平大多以大量的手工劳动和简单的机械操作为主，并不需要高素质劳动力，这使大量农村低文化素质的过剩劳动力有了用武之地。另一个成功因素是相对丰富的市场机会。由于实行向重工业倾斜的赶超型发展战略，造成基本消费品的供给严重不足。这种市场的极不饱和状态为乡村企业提供了非常充裕的市场需求。据统计，1980~1988 年，乡村工业对全国轻工产品市场供给能力的贡献率达到 32%；在 1988 年的主要消费品产量中，乡村工业占到全国电风扇的 45.5%，占丝织品的 68.7%，占呢绒的 52.1%；在乡村企业中就业的劳动力占农村劳动力总数的 30% 左右，占农村富余劳动力的 50% 左右。③ 乡村工业的发展使中国产业结构更符合自身的资源禀赋优势，为矫正产业结构扭曲和调整农村就业结构做出了重大贡献。

总体上看，在乡村工业中占主导地位的仍然是劳动密集型产业和产品。受竞争环境和自身素质的影响，相当数量的企业还在采用传统以至陈旧的生产模式，竞争策略主要依赖成本优

---

① 林毅夫、姚洋：《东亚奇迹中的中国农村工业化》，中国人民大学出版社 2003 年版。
② 林毅夫、蔡昉、李周：《中国的奇迹：发展战略与经济改革》，上海人民出版社 2002 年版。
③ 刘斌、张兆刚、霍功：《中国三农问题报告》，中国发展出版社 2004 年版。

势和价格竞争，技术进步、产品开发和产业升级的速度较为缓慢。产业链过于侧重实体产品的生产，物质材料消耗占产品成本比重较大，对外部提供的服务需求度低。1995 年，我国城市第二产业每万名职工及其家属需要 8200 个第三产业就业人员为其提供服务，而等量的乡镇企业职工及其家属只需 2500 个服务人员。[1] 2005 年，在我国制造业中间投入中生产性服务所占比重只有 15.4%，远低于美国的 32.5%。[2]

由于城乡资金、劳动力等要素市场被计划体制分割为二，在"离土不离乡"的政策导向下，乡镇工业在空间布局上没有构建起与城市化的内在关联，得不到城市基础设施、服务体系等方面的配套支持。这部分工业所吸纳的农村剩余资金和剩余劳动力被排除在现代城市经济之外，就地向非农产业转移。如表 4-2 所示，改革开放以来农村非农产业就业增长始终大幅领先于城镇就业增长，尤其是在改革开放初期，增速差距高达 6.5 个百分点。这种结构失衡导致城市人口增长在相当长的一段时期内明显落后于非农产业就业人口的增长。乡村工业对服务经济的弱带动性以及在空间结构上与城市经济的断裂性，使城市化进程也失去了应有的产业支撑。

表 4-2　改革开放以来城镇人口及非农产业就业人口增长情况　　单位：%

| 时期 | 城镇人口 | 非农产业就业人口 | 城镇就业人口 | 农村非农产业就业人口 |
|---|---|---|---|---|
| 1978~2007 年 | 4.4 | 4.8 | 4.0 | 7.0 |
| 1978~1991 年 | 4.7 | 6.4 | 4.8 | 11.3 |
| 1992~2007 年 | 4.1 | 3.5 | 3.3 | 3.6 |

注：农村非农产业就业人口包括乡镇企业、私营企业和个体工商户三部分。
资料来源：国家统计局：《中国统计年鉴 2008》。

---

[1] 李健英：《我国第三产业与城市化低相关性分析》，《城市问题》，2002 年第 1 期。
[2] 根据中国和美国 2005 年投入产出表计算获得。

## （二）城市改革相对滞后，制约工业结构优化升级

农民工是我国特有的城乡二元体制的产物，是特殊历史时期出现的一个特殊社会群体。国家统计局数据显示，截至2014年底，全国农民工总量为2.74亿人。其中本乡镇以外就业的外出农民工数量为1.68亿人，占农民工总量的61.3%；本乡镇以内就业的本地农民工数量为1.06亿人，占农民工总量的38.7%。农民工数量已经超过了传统上由城镇居民构成的产业工人，使产业工人结构发生重大变化。

城市流动人口和农民工量大、质弱、价廉，折射出中国工业化模式的低成本竞争型特征。"质弱"主要反映在劳动力基本素质方面。全国第五次人口普查显示，在1.44亿迁移人口当中，受教育程度在初中以下的占61.1%，受教育程度在小学以下的占22.9%。"价廉"一是指工资水平低，二是指非工资收益及消费水平低（廉价的租房、较低的社会保障水平）。这种弱势地位不仅决定了农民工在劳动力市场上的谈判能力，也把他们的就业范围限制在劳动密集型企业，或者是建筑、贩运、搬运、环卫、家政服务等苦、脏、累、险工种。正是源源不绝的"质弱"劳动力支撑了中国工业的低成本竞争优势。

从生存方式看，尽管外出农民工的规模已接近全国总人口的10%，但他们并没有真正融入城市化进程。以珠三角地区为例，2000年以来，珠三角地区外来人口在2100万人左右，但2000~2005年本地化外来人口共130万，每年仅26万人。[①] 如果将城市农民工的生存环境比作一个"蓄水池"，池中永远是年富力强的农民工，当他们无法适应农民工劳动力市场的要求时，

---

① 欧阳慧：《我国城镇化发展新特点、问题及对策建议》，国宏研究报告。

便被冲刷出水池。农民工在城市化进程中的边缘化特征主要表现为：①农民工从事城市第二、第三产业劳动，但社会身份仍是农民；②农民工的合法权益得不到保障，最普遍的问题是欠薪、文化生活贫乏、社会保障缺失；③子女受教育的不平等；④就业与生存状况恶劣；⑤缺乏城市社会的认同感和归属感。①

农民工在职业上卷入工业化，在生存方式上游离于城市和农村之间，这种尴尬境地是工业化和城市化脱节的一个重要体现。在城市只需要农民工的劳动力，却对教育、医疗、住房等生存问题一概不管的情况下，土地就是农民工最后的"救命稻草"，无形的土地拉力使农民工无法彻底挣脱农业的羁绊。"两栖型"生存决定了农民工必须像候鸟一样季节性地往返于城乡，不仅给交通带来压力，而且长期聚少离多，使农村出现过多的"留守儿童"，造成后代的成长缺失，教育和情感需求无法得到满足，没有足够的储蓄资本跳出农门，只能世代继承父辈的"身份"。② 无疑，已经明显滞后的社会管理制度正在演变为新的城乡"剪刀差"。从长远看，通过剥夺农民工的劳动价值来支撑工业化和城市化发展，显然不具有可持续性。

**（三）城市化战略与产业升级目标存在偏差**

改革开放以来，中国选择了一条以小城镇为主体的城市化道路，大中城市发展相对不足。1978 年全国仅有建制镇 2173 个，且以县城关镇和工矿镇为主。2014 年末，全国共有建制镇 20401 个，比 1978 年增加 18228 个。新建的建制镇大多由原乡

---

① 陈丰：《当前农民工"虚城市化"现象的制度解读》，《统计与决策》，2009 年第 3 期。
② 辜胜阻、易善策、郑凌云：《基于农民工特征的工业化与城市化协调发展研究》，《人口研究》，2006 年第 5 期。

建制发展而来，是分布广泛的乡村中心，主要以农业服务、商贸旅游、工矿开发等多种产业为发展依托。小城镇人口占全国总人口的比重由 1978 年的 20%上升到 45%以上，全国建制镇建成区面积为 2.8 万平方公里，人口密度为 5459 人/平方公里，小城镇聚集效应逐步显现。

改革开放以来的城市发展政策与分散性城镇化战略，在 20 世纪 80 年代甚至到 90 年代中期曾经得到理论界尤其是社会学界的广泛认同，并被誉为中国城市化道路的"特色"。[①] 评价这一时期的城市化，必须充分肯定小城镇发展的巨大贡献。这既包括对经济增长的促进作用，也包括冲击传统城乡分隔体制、推进改革开放和社会发展的积极作用。没有小城镇的发展，中国的城市化会更加滞后。[②]

另外，分散的城镇化在某种程度上也是一种被迫或无奈的选择。它是得到"过度保护"的大中城市"吸纳能力"不足的产物，也是旧的城乡隔离体制下分散的农村工业化的必然后果。小城镇由于单体规模小，聚集效益低，不可能为工业发展提供现代化的基础设施和配套条件，不可避免地导致生产力布局的分散化，制约了城市化的正常发展，带来了环境污染、土地资源浪费等问题及资源总配置效率的损失。1990~2013 年，我国城镇人口从 3.02 亿人增加到 7.31 亿人，增长了 142.1%；城市建成区面积却从 1.29 万平方公里扩大到 4.98 万平方公里，

① 1980 年，国务院批转《全国城市规划工作会议纪要》，制定了"控制大城市规模，合理发展中等城市，积极发展小城镇"的方针。1990 年 4 月开始实施的《城市规划法》，提出了"严格控制大城市规模，合理发展中等城市和小城市"的政策指向。2000 年 7 月，中共中央、国务院提出了《关于促进小城镇发展的若干意见》，进一步明确要积极鼓励和引导农村人口向小城镇而不是大中城市转移。

② 王延中：《论工业化与城市化的协调发展》，《学术界》，2002 年第 4 期。

增长了 286.0%。城市用地增长率与城市人口增长率之比已经高达 2.01：1，远远高于国际上公认较为合理的 1.12：1。

从长远看，由于小城镇发展服务经济先天不足，也将导致对基于要素投入质量改善之上的产业升级的支撑乏力。服务经济在生产与消费上的即时性，使规模化经营成为服务业企业实现盈利或持续发展的关键。城市规模是服务业发展的进入门槛。这是因为城市聚集了人口、资源、信息和产业，居民生活服务和生产性服务需求巨大，对服务产品供给的拉动大大强于非城市地区，是服务活动产业化的最基本空间载体。从实证分析看，凡是国际大都市，服务业比重一般要在 70% 以上，发达国家 60% 的产值、60% 的就业在服务业，且主要集中在大城市，城市规模是城市服务业产业地位的重要决定因素之一。资料显示，我国服务业增加值的 67% 是由 236 个地级以上城市所创造的，超大城市服务业增加值占生产总值的比重达 52%，特大城市占 46%，大城市占 42%，中等城市占 38%，小城市占 34%，城市化水平与服务经济总量呈现高度的相关性。[①]

## 四、新常态下工业化与城市化协同发展的对策与思考

新常态下，大力促进工业化与城市化互动发展比以往任何一个时期都更为重要。只有在深层次上全力推进改革，特别是在一些重大的经济制度上取得突破，彻底消除城市化进程中对

---

① 国家发改委宏观经济研究院课题组：《加快我国服务业发展面临的问题与对策研究》，研究报告，2005 年 12 月。

大多数农村居民的隔离和阻碍，才能从根本上打破对居民消费特别是农村居民消费的制度束缚，使庞大的潜在消费需求得到有效激活和释放。这也是培育经济增长内生动力、以国内市场上的差异化竞争替代国际市场上的成本竞争，最终实现工业转型升级的市场基础和根本保障。

**（一）推进城市化进程，释放潜在消费需求，促动经济增长动力转型**

当前，中国仍有 2 亿多劳动力从事第一产业，6 亿多人口处于城市化进程之外，这是世界绝大多数经济体所不具备的潜在发展优势。2014 年，中国城镇和农村居民人均可支配收入分别为 28843.9 元和 10488.9 元，后者仅为前者的约 1/3；城镇居民人均消费性支出为 19968 元，农村仅为 8382 元，是城镇平均水平的 42.0%。加快城市化进程将为工业化的扩张提供更为广阔的市场空间，包括从各类基础设施和公共消费品到包罗万象的个人消费品。以 2014 年城乡消费性支出差距计算，如果城市化水平每年提高 1 个百分点，即有 1368 万农村居民进入城市，拉动约 1585 亿元〔（19968-8382）元/人×1368 万人〕的消费品市场，相当于每年为 3.17 万个 500 万元销售额的新企业提供了市场空间。

推动农村人口向城市集中也将带动基础设施与公共产品消费和投资的增长。从城市人口增加对城市交通、能源、房地产、上下水管道、绿化、学校、广场、警务、城市安全系统等城市基础设施和公共产品的消费需求看，研究表明，每增加一个城镇人口需要基础设施投资 6 万元（包括国家投资、企业投资和个人投资）。<sup>①</sup> 如果每年进入城市人口 1368 万人，可以拉动基础设施投资 8200 亿元，相当于 2014 年全国固定资产投资的 1.6%。对中国经济而言，这也是应对经济下行的一道有效屏障。

除此之外，城市居民的消费升级会支持更多的企业从多方面进行产品和技术创新。更为重要的是，城市发展所产生的更加高效和专业的流通服务机构，将会进一步降低交易费用，强化城市在商品流通中的节点效应，放大企业产品的流通半径和辐射距离。

### （二）充分发挥工业化对城市化的带动作用

工业化对城市化的带动作用，在工业化的不同阶段存在着较大差别。在工业化初期，工业部门多为纺织、服装、基本消费工业等劳动密集型产业，工业发展所形成的聚集效应使工业化对城市化产生直接和较大的带动作用；当工业化接近和进入中期阶段之后，主导产业转变为钢铁、机械、电力、石化和汽车等资本密集型产业，产业结构变化和消费结构升级的作用超过了聚集效应的作用，城市化的演进不再主要表现为工业比重上升的带动，而更多地表现为非农产业比重上升的拉动。也就是说，当工业化演进到较高阶段之后，对城市化进程的主导作用逐步由工业转变为整个非农产业，而就业结构的变化也越来越不同于产出结构的变化并起着更大的作用。<sup>②</sup>

正如联合国工业发展组织和世界银行联合组织的一项研究所概括的那样："在工业发展过程中，种种行业间的紧密联系

---

① 叶裕民、黄壬侠：《中国新型工业化与城市化互动机制研究》，《西南民族大学学报》（人文社科版），2004 年第 6 期。

② 郭克莎：《工业化与城市化关系的经济学分析》，《中国社会科学》，2002 年第 2 期。

和其他外在经济，看来造成了位于中心城市的'增长极'。关键性的工业是那些在吸引其他制造业和商业活动方面特别有效的工业。这样一个地理上集中的和迅速发展的经济中心，不仅吸引着经济活动，而且吸引着社会活动。于是，在工业发展过程中的种种集聚力，导致了大城市的形成。这些城市又进而吸引了商业单位、金融机构和其他行业前来设点。"①

从作用机理看，工业化引起产业结构的迅速转变，并通过这种转变带动城市化。在这个过程中，与城市化率上升联系密切的不是产出结构的转变，而是就业结构的转变，因为就业结构的工业化和非农化才直接带动了人口向城市的迁移和集中。因此，产出结构与就业结构的变动关系，很大程度上影响着工业化对城市化的带动作用。特别是到工业化中后期，技术密集型产业迅速崛起，工业生产过程的管理步入现代化阶段，致使工业部门对劳动力的吸纳能力大为降低；产业升级和空间集聚又会对物流、金融、科技研发等生产性服务产生更多的中间需求，带动城市服务业突飞猛进地发展起来，赋予城市新的活力，推动城市化进入到更高的层次和阶段。

从我国经济发展的现实出发，城市化绝不仅是鼓励农民进城购买房地产，而是农村人口向城市集中与城市现代化的统一。其中，最为关键的是为从农村转移出来的劳动力提供充分的就业岗位。从就业结构看，我国城市化水平较低的直接原因在于服务业发展滞后导致非农产业的就业比重偏低。2014 年，服务业占从业人员比重为 40.6%，不仅与发达国家相去甚远，

---

① [美] 约翰·科迪等主编：《发展中国家的工业发展政策》，张虹等译，经济科学出版社1990 年版。

甚至低于墨西哥和印度等发展中国家的水平。

与工业相比，服务业具有明显较高的就业弹性，并且随着经济发展水平的提高而不断增强对整个就业的带动效应。从制度层面看，我国服务业发展滞后的根源在于改革进程缓慢，市场化程度不高，资源流入不足，产业发展活力与动力缺失。从产业关联角度看，工业生产的专业化和社会分工程度低，劳动密集型产业和产品过多，生产性服务外包需求度不高也是抑制服务业发展的重要原因。

从城市化发展的逻辑顺序来看，非农产业发展拉动非农就业增长应当是农村人口向城市集中的基本动力。在这个过程中，工业又居于"龙头"带动地位。一方面，鉴于庞大的劳动力资源和劳动密集型产业对就业的强吸纳能力，这些传统产业在我国仍有相当的发展前景，特别是在中小城市，对于拓展城市就业空间起着直接的促进作用，但要解决对环境和资源的过度依赖问题。另一方面，在产业升级中，以组织创新、体制创新和技术创新为依托，企业资源向核心业务集中也将释放大量的服务外包需求。产业转型升级是以生产性服务业为主的现代服务业发展的主要动力。

**（三）利用产业集聚效应，推进工业转型升级**

与农村的孤立和分散不同，城市的特点是集中和集聚。城市化进程所产生的人口、资本、消费、市场、信息和观念等诸多方面的集中和集聚，决定了城市是推动工业化发展的最佳空间载体。首先，城市化为企业获取规模经济效益提供了可能。这种规模经济的基础在于城市自身固有的要素集聚性。以城市为发展平台，工业企业可以更容易地找到熟练技术工人和工程技术人员，可以更大程度地降低供水、供电、供热、排污、电信和物流等基础设施成本，可以更迅速地从其他厂商那里获得投入和服务的支持，并且可以更方便地接近银行和其他金融机构以及政府官员，可以更为便捷地获得有关产品销路和市场变化的信息。[1]

其次，城市化为技术创新和产业升级提供了空间支撑。城市为建立在人力资本积累和面对面交流基础上的、高度专业化的劳动力形成和新思想生产提供了便利；同时，位置的邻近有利于知识的传播和信息的扩散。经验研究表明，创新常常以地域集群的方式出现在那些致力于研究与开发的企业和大学业已建立起来的城市地区，而且高度专业化资源在城市的集中进一步刺激城市创新能力的提高。世界银行的一项实证研究也表明：工业生产率随着城市规模的扩大而大幅度提高，如果城市规模和当地工业的规模翻一番，一家企业的生产率会提高5%~10%。[2]

在市场化机制的驱动下，引导和推动工业发展要素向基础设施发达、服务支撑能力强、交通区位优势明显的城市集聚，将从多方面提高资源配置效率和经济增长质量。一方面，它有助于实现规模经济。目前，我国已经进入产业集聚与产业竞争力密切关联的发展阶段，而且这种关联将随着时间的推移逐步加强。另一方面，产业集聚还能使不同的产业彼此结合、相互渗透，形成新的产业，实现创新和培育新的经济增长点。

---

[1] 周维富：《中国工业化与城市化协调发展论》，中国社会科学院研究生院博士学位论文，2012年。

[2] 世界银行：《1999/2000年世界发展报告：走向21世纪》，中国财政经济出版社2000年版。

### （四）构筑城市支撑平台，发展现代服务经济

促进产业结构优化升级，必须发展强大的现代服务业体系，特别是与工业生产密切关联的生产性服务业。由于在生产与消费上的即时性，使规模化经营成为服务业企业持续发展的关键。因此，城市规模自然而然地成为服务业发展的进入门槛。这是因为城市聚集了大量的人口、资源、信息和产业活动，作为一个特定的生存和发展空间，城市蕴含了巨大的生活性和生产性服务需求，对服务产品供给的拉动大大强于非城市地区，是服务活动产业化的最基本空间载体。

国际经验表明，文化教育、金融保险、房地产业、信息服务业等均适于在大城市发展，而且城市规模越大，服务业的用户就越多，商机也就越大。从我国的情况看，服务业在城市经济中的比重与城市规模之间存在较为明显的正向变动关系。2014 年，全国直辖市、省会城市及计划单列市占全国服务业增加值的比重为 46.4%。

近年来，我国部分城市服务业发展已呈现一定的园区化、规模化和集群化趋势，但是由于城镇分散达不到规模经济，聚集不起服务及设施建设的合理规模，导致服务业资源分布相对分散、业态种类较少、集聚程度较低的问题仍然比较突出。制造业链条上的技术研发、人员培训、经营管理、会计服务、法律咨询、信息服务等关键环节，得不到相关支撑服务体系的协作与配合，大量本应通过外包方式完成的服务活动不得不在工业企业内部消化完成。从这个角度看，发展现代服务经济，必须适当取消城市人口规模的限制，将城市化政策的重心从增加城市数量和扩大城市行政辖区上转到扩大城市规模、提升城市功能上来。

## 五、案例分析：产城融合——县域工业化与城市化协同发展的新探索

2010 年以来，北京周边的固安、大厂和怀来等产业新城，以其先进的产业规划、资源聚集和产业服务能力，实现了引人注目的快速增长。这种发展模式主要有以下特征：一是邻近大都市。固安、大厂和怀来距北京市区分别只有 50 公里、48 公里和 120 公里，且具备畅通的交通条件。二是受行政区隔影响，尚是要素价值洼地。固安、大厂、怀来等地工业用地价格只是北京相邻地区的几分之一甚至十几分之一。三是大都市产业链出现明显的功能外溢和产业外迁。由于要素价格上涨的作用，越来越多的企业选择将企业组织体系在空间上裂解，也就是把研发和运营功能留在大都市，将生产、物流外迁到周边地区。四是当地政府明确的合作意愿，在多个方面对产业新城发展给予有力支持和积极配合。

固安等产业新城之所以能够强势崛起，既受到大都市辐射、产业转移和城市化推进等区域经济发展一般规律的影响，也与其自身独特的发展条件分不开。产业新城发展模式所凝结的思路、做法和经验，对大多数工业化、城镇化尚处于起步阶段，产业结构封闭性、初级化特征突出的县域经济而言，具有重要的借鉴意义。

### （一）对接发达地区及中心城市，找到跨越式发展的突破口

随着市场经济的发展，生产要素跨区域流动趋于常态化，区域内部经济联系日益紧密。区域一体化为县域经济实现跨越

式发展提供了难得的机遇。从固安、大厂、怀来等产业新城的实践看，主动接受首都经济圈辐射、对接融入首都产业链分工体系，形成"两头在外、大进大出"的开放型发展模式是其县域经济发展的成功经验之一。

固安地处环首都经济圈核心区域，与北京在技术、项目、人才等领域具有紧密协作的分工基础，不仅是首都新机场的发展辐射区，还是承接首都职能转移、支撑京津冀区域协调发展的重要增长极。固安旗帜鲜明地提出建设以"产业之区、休闲之地、空港之都、宜居之城"为内涵的京南卫星城。大厂则依据"厂开乃大，合众而强"、"站位区域、对接北京"的理念，坚定实施"融入北京、接轨发展"的策略，抓住北京实施功能疏散和产业转移的机遇期，着力打造"京东创意水乡城市"，加速推进后发崛起。怀来充分利用北京这个触手可及的资源库、近在咫尺的大市场，加强与中央企业、知名民企、外商外企、高等院校、科研院所的对接，通过引进优质企业，合作建设重大项目，打造对接北京的"桥头堡"。

事实证明，县域经济发展除了依靠自身基础之外，还可以选择另一种发展途径，即主动接受发达地区特别是中心城市的辐射，利用毗邻发达地区的区位优势和广阔的市场空间，发展开放型经济。固安、大厂、怀来等产城融合实践有以下启示：

第一，实施对接区域中心城市战略。目前，环绕北京周边有河北省的"四区十三县"，即张家口的涿鹿、怀来及赤城等；还有廊坊的三河、大厂、香河、固安、广阳及安次县，承德的丰宁、滦平以及保定的涿州、涞水。这些县市区位优势相当，但是发展绩效却各有不同，其中一个可能原因在于缺乏一个行之有效的对接北京战略。固安、大厂、怀来虽然资源相对优势并不明显，但是县域政府却以建设产业新城为平台，积极破除传统方式下封闭发展的瓶颈，从产业项目、基础设施、体制机制、社会建设等多方面着手，以产业对接为基础，以基础设施对接为保障，以体制机制对接为引领，积极探索建立资源共享及合作机制，全面加快与北京的对接，逐步实现要素流动、商品贸易、公共管理等方面与北京实现一体化，明显降低企业商务成本。

第二，建设连接区域中心城市的快速交通体系。尽管这些年来，我国高速交通网络有了较大进步，但是快速交通不发达仍然制约了大多数县域经济的发展。从大厂和怀来看，情况也是如此。大厂境内高速公路尚未建成，通往北京方向的快速路建设仍未动工；怀来进京方向的京藏高速是闻名全国的"首堵"路段。从实践看，一方面，应重点建设高速公路、城际高速铁路或城际轻轨，扩大区域中心城市辐射范围；另一方面，推进道路交通管理区域一体化，消除影响货物流通的行政区划壁垒，缩短对接区域中心城市的经济距离。以"一地双网"的通信一体化为契机，加快推进与区域中心城市电信网、互联网、广电网的互联互通，尽早实现有线数字电视对接。

第三，推动体制机制对接。对接中心城市不等于项目招商或者定期会晤，而是依靠体制创新，从制度设计入手，逐步缩小与发达城市的差距。从固安等产业新城的实践看，要做好以下几方面工作：一是设立对外协调组织机构。县级政府应成立对外承担区域协调的组织机构，由县（市）负责人担任机构领导，整合各部门资源，负责开展涉及产业和基础设施对接、流动人口管理等区域协作事务。二是坚持政府引导和市场机制相结合，搭建区域对接平台，如建立区域之间的互访制度，参与建立跨区域产业联盟、试点跨区域园区共建模式等。三是强化民生重点项目对接。建立与区域中心城市在人才教育、医疗卫生等方面的资源共享及合作机制。建立健全跨区域环保联动机制，促进区域生态与经济协调发展。

第四，构建开放型产业组织体系，强化产业对接。县域政府需要发挥要素资源优势和市场互补优势，按照"主导产业配套、新兴产业共建、特色产业互补"的思路，推进与区域中心城市的产业对接。这种产业对接又离不开开放型产业组织体系的支持，并依托若干个领头企业在全国乃至世界范围组织各种要素资源和开拓市场空间。从固安经验可以看出，构建开放型产业组织体系重点围绕"四个主体、两个市场、三大网络"，四个主体就是企业、政府、合作机构（园区平台）和知识机构（创新组织），这四个主体之间要形成良性互动，并不局限于特定空间地域范围内；两个市场是指国内市场和国际市场，重点面向国内区外市场和国际市场；"三大网络"是指技术研发网络、产品生产网络和市场营销网络，拓展网络域面，深化节点分工，增强网络互动。通过开放型产业组织体系建设，实现与区域中心城市的优势互补、功能联动和错位发展，并使县域经济能够融入全球产业链分工体系。

**（二）构筑裂解二元经济结构、实现城乡一体化发展的支撑平台**

我国建立促进城乡一体化制度的政治、经济、社会条件基本具备，关键是对促进城乡一体化的城乡规划、产业布局、城镇体系、基础设施、住房危改、公共服务，以及覆盖城乡的社会保障等方面进行规划和体制、机制的创新。通过建设产业新城，以城市经济增量支持新农村建设，进而实现城乡同步发展、共同富裕，正在成为推进城乡统筹发展的有益探索。

第一，把先进生产要素集聚发展作为城乡统筹的经济基础。例如，固安工业园区成立十年来，生产总值年均复合增长率达到95.2%；财政收入年均增速为107.6%，其发展速度、运作模式均引领京津冀风气之先。随着园区规模从小到大，现代产业体系雏形初现，固安工业园区对县域政府财力增长的贡献也在不断加大。2007~2011年，固安县地方一般预算收入年均增速由2003~2007年的13.3%上升到61.7%。县域财力的高速增长为固安统筹城乡发展提供了强有力的财政保障。

实现城乡基础设施有效对接，必须提高新农村基本建设投入力度，加快农村基础设施建设。过去五年，固安新修、改造农村公路311公里，新增农村变电站6座，铺设燃气管网142公里，建成了一批新农村书屋、农村文化大院等文化基础设施，稳步推进农村无线电视网建设，农民文化生活不断丰富。此外，还在各乡镇大力推广"户清、村集、乡运、县处理"的农村垃圾处理模式。在固安，路、水、电、气、信等城市基础设施不断向农村延伸，镇村面貌焕然一新。

在产业新城的反哺支持下，固安民生事业提质扩面，城乡社会事业得到均衡发展。首先，社会保障体系不断完善，医疗、养老等"五险"参保人员不断增加，新农合参合率超过90%，新农保参保率达到92%，城乡低保实现应保尽保。其次，投资2.8亿元迁建固安一中，改造危旧校舍2.9万平方米，对全县所有农村中小学进行了供暖设施改造，结束了不安全取暖方式；在全县范围内彻底消除了中小学D级危房，县域办学条件得到有效改善。最后，对全县所有敬老院进行升级改造，

"五保"户集中供养率保持在80%以上。残疾人帮扶、贫困户危房帮建工作有力推进，弱势群体生活水平大幅提升。农村卫生体系"三基两化"工作圆满完成。

第二，把农村新民居建设作为统筹城乡发展的有力抓手。新民居是在城乡一体化发展背景下新兴涌现的科学、绿色、现代化农村居住模式。新民居在居住区规划上尊重农村生产生活特点，注重土地集约利用和生态环境保护；在建筑形式上体现传统文化与时代特点的紧密结合，注重新能源和绿色环保技术应用；在配套功能上以城市为标准，实现道路、供水、供电、供暖、电信、排水等基础设施全覆盖和教育、医疗、文化、娱乐、商业、休闲、养老等服务设施统筹建设。

在战略上，固安将新民居建设确定为产城融合的重要内容。按照"地域相邻、产业相似、民俗相通"的原则，全县419个村街规划合并成106个农村社区。目前，已有郭村、马公庄等31个村街启动了新社区建设，初步形成了以南五里村为代表的县城周边组团社区和以林城村为代表的农村组团社区，百姓的生产生活环境得到了有效改善。围绕"改造城中村、整合城边村、建设中心村、合并弱小村、治理空心村、搬迁不宜居住村"的思路，积极稳妥推进54个村街的新民居建设。在此基础上，以连片建设、组团发展为基本方式，鼓励多村联建或扩建中心镇区、中心村，打造出一批展现地方特色、模式迥异、风格凸显、功能先进的万人小镇和社会主义新农村示范区。

第三，以产城融合为平台，深度发掘利用特色资源，发展体验、观光、休闲、生态多种形式的都市农业和休闲度假旅游业。通过推进土地流转，建设1000户、占地500亩的家庭休闲体验园。围绕永定河绿色生态带建设，通过市场运作的方式，沿永定河右堤、大清河左堤固安段实施万亩油葵、万亩薰衣草、万亩三叶草工程建设。以南王起营村为核心，发展万亩露地花木种植，打造南北两个集休闲度假、餐饮娱乐为一体的观光农业基地。发展休闲农业，对现有果园资源进行升级改造，建设集果品生产、观光采摘、餐饮旅游于一体的万亩园艺生态果园。发展生态农业，以7个乡镇的40个蔬菜专业村为中心，建设4万亩绿色有机蔬菜生产基地。

围绕独特的温泉资源优势和区位优势，固安在统筹城乡发展中还着力发展以温泉养生为基础、以都市休闲和度假服务为载体的休闲度假旅游业，推动农村经济转型发展。包括：引进一批中高端主题酒店、设计酒店，培育设计多元、风格多样的差异化酒店集群；延伸发展以民俗文化、民间工艺、古音乐为依托的文化创意产业，培育民间文化创意品牌，壮大焦氏脸谱、邢氏纸雕等民间工艺设计产业；发展以高端商务、旅游度假、健康养生、生态观光、民俗节庆为主导的休闲服务集群，并将其作为产业新城的重要产业支撑。

产业新城作为县域经济开放型发展的窗口和平台，不仅引入了以往封闭型发展条件下所急需的资金、技术、人才、理念等关键要素，更重要的是在更大程度上和更广范围内融入了外部市场体系。这种产城融合对县域外部环境所形成的影响力和集聚力，是提升县域经济专业化和社会分工水平的重要支点，为发展现代农业、加快传统产业转型升级提供了契机。

固安城乡一体化发展的主要任务如表4-3所示。

表4-3 固安城乡一体化发展的主要任务

| 分类 | | 产品 | 增值服务 | 专业服务 |
|---|---|---|---|---|
| 城乡统筹一体化 | 基础设施 | "九通一平"产品 | 魅力体系 | 城乡规划、品牌推广 |
| | 公共服务 | 文体活动中心 | 文化辅导、科普知识 | |
| | | 学校 | 学前教育、义务教育 | |
| | | 卫生医疗院 | 基本医疗 | |
| | | 养老院 | 基本养老服务 | |
| | | 村镇就业培训中心 | 提供基本就业/创业场地 | 就业指导、就业咨询 |
| | | 新民居等保障性住房 | 社区物业服务 | |
| | 产业发展 | 观光农业园 | 提供场地、设施等 | |
| | | 设施农业园 | 提供场地、设施等 | |
| | | 养殖基地 | 提供标准场地 | |
| | | 农业展览中心 | 农产品/农具展示 | |

资料来源：固安工业园。

## （三）利用产城互动机制，强化县域工业化与城市化发展的连接纽带

我国县域经济正从"三农"型向复合型转变，也就是正在从以乡村为依托、以农业和农村经济为主体的传统县域经济，向以县城和中心镇为依托、以非农经济为主导、第一、第二、第三产业协调发展的新型县域经济转变。这种转型最终能否取得成功，关键就在于能否有效推进工业化和城镇化的互动发展。由于产城融合发展模式在战略上高度重视现代产业发展与城市拓展的内在联系，使产城互动成为支撑县域经济社会发展的一个突出亮点，形成了多方面的发展效应。

首先，吸引先进制造业集聚发展，拉动非农产业和非农就业增长，为城镇化注入实质性发展动力。城镇化的本质是就业结构重心从农业移向非农产业和各类劳动人口向城镇集聚的有机统一。凭借优越的经济区位、完善的基础设施和差异化的招商服务，一批以京东方、冀雅电子、锦绣前程、东方信联、峻岭电子、正兴车轮、百灵威（大厂）等为代表，具有较高科技

水平和增值能力的制造业企业被迅速吸引到产业新城的工业园区。在产业集聚的过程中，各类外来劳动人口也随之流入产业新城，成为产业新城发展的强有力基础；同时，这些外来企业也为本地劳动者释放出大量的、不同层次的就业机会，促进了产业新城所覆盖区域就业结构的转型。从长期来看，引导和推动先进生产要素向产业新城集聚，还将在产业链上刺激、催生配套产业和生产性服务业的本地化，拉动消费性服务业的发展，培育新的经济增长点，提高县域经济的资源配置效率和增长质量。

其次，高起点规划、高标准建设产业新城，实现产业发展和城市扩张在空间与功能上的有机融合、紧密衔接。固安、大厂、怀来等地始终坚持高起点规划，通过聘请国际一流规划团队，完善县域总规、控制性详规、修建性详规等法定规划，强化城市规划对于城镇空间快速拓展的引领作用。通过统筹协调工业园区与城市功能区的发展关系，将两化互动理念落实到城镇空间布局。在此基础上，科学合理地布局、建设各类公共服务设施，安排好教育、卫生、商业、文化等城市配套功能。例如：大厂潮白新城规划建设的五环中央公园，以体育、养生、幸福为设计主旨，以奥运五环为设计构思，包含竞技体育的奥林匹克精神，休闲运动、拓展运动的养生理念。公园占地321亩，包含行政办公、文化娱乐、商业办公混合、办公商业混合、商住商务混合五部分。还配有公园主景亭、餐馆酒吧书店公园服务廊架、健身房、体育活动服务中心、露天剧场、茶室、画廊—城市文化展览、市民活动中心—城市客厅等休闲娱乐设施。通过产城统筹，将产业发展与城市规划统筹管理，更有助于推进工业化进程。

最后，积极承接大都市服务业外溢，高水平提升产城融合的服务功能、集散功能、创新功能、文化功能和枢纽功能，着力增强城市对产业发展的吸附力、集聚力和支撑力。固安围绕"产业之区、休闲之地、空港之都、宜居之城"的总体定位，加快夯实商贸、商务、旅游、餐饮、物流五大功能建设，坚持把服务业发展与县域温泉、花木、林果、民间文化艺术等特色资源的挖掘利用有机结合，形成了温泉商务、温泉养老、农业观光、林果采摘、文化体验等新兴业态，引进了固安国宾温泉休闲基地、桑坦德养老基地等 14 个超过 30 亿元的现代服务业项目，启动了总投资 220 亿元的总部公园项目，服务业发展实现了高点起步。大厂按照"产城互动"理念，把三个省级园区与夏垫新城、潮白新城和县城新区建设相整合，重点建设中央商务区、金融集聚区、科技研发区，重点发展商贸物流、文化创意、旅游会展、金融商务等产业发展。怀来围绕自己的特色产业——葡萄酒产业，沿产业链上下游，重点发展职业技能培训、特色旅游、商业会展、专业物流、葡萄酒贸易以及创意研发、生态经济总部等相关服务业。以现代服务业为突破口，着力强化城市对产业发展的服务功能，推进三次产业协调融合发展，不仅可以有效提升产业新城的集聚和承载能力，更能够在深层次上打破限制城市发展的根本束缚，为城镇化进程开辟更大的发展空间。

**（四）政府购买服务：县域政府职能转变、产业新城开发效率跃升的创新之举**

县域经济是中国经济发展的基层单位，也是国民经济的重要组成部分和基础，在绝大多数县域经济体中，掌握国计民生、影响国家经济命脉的企业很少或者基本没有，大多都为中小企业，它们最为需要的是公正、公开、公平的市场经济环境。大力培育、发展县域经济，需要明确主体、主角，企业与政府各司其职，需要努力构建一个政府搭建舞台、企业主演主唱的良好格局。这就涉及一个核心问题，即政府在发展县域经济中究竟起什么作用？ 其作用的边界在哪里？ 该做什么、不该做什么，都要界定清楚，这实质上也就是政府和市场的边界问题。

从固安等产城融合实践看，县域政府和市场的边界不仅泾渭分明，而且政府的日常事务也得到了明显的瘦身。其原因在于这些县域政府在产城融合发展过程中大量采用"政府购买服务"模式，而不是像以往那样亲力亲为。从选择国内外一流规划团队进场设计，到按 BT、BOT 模式进行园区基础设施建设，再到招商引资、招商选资，县域政府只负责战略决策、规划把关、监督审核，具体事务交给专业化的社会组织来完成。在这种模式下，县域政府可以将自身有限的资源聚焦到政策制定、管理监督等关键性行政环节，专业化社会组织的内在优势则顺畅地注入到产城融合发展过程的事务性环节。

关于政府购买服务的内涵，目前国内比较公认的界定是一种"政府承担、定项委托、合同管理、评估兑现"的新型政府提供公共服务的方式，政府摒弃传统的对公共服务项目包揽一切、包办一切的做法，通过公开招标，择优录取社会服务机构，由其完成为社会发展和人民生活提供服务的事项，并根据规定的服务质量和数量由政府支付一定的服务费用。这种运作模式最早是源于西方的一项社会福利制度方面的改革，指政府在社会福利的预算中拿出经费，向各类提供公共服务的社会服务机构，直接拨款购买服务或公开招标购买社会服务。它是介于政府直接提供服务和完全私有化两个极端之间的一种折衷方式，即政府继续扮演其福利投资主体和制定福利政策的角色，但将营办服务的责任通过合同形式交给独立的营办机构，这些机构可以是私营的营利性组织、非营利性组织、其他政府组织、个体工作者等。

固安等地的实践表明，以园区平台公司身份出现的专业化社会组织主要体现出四个方面的运作优势：一是资源动员和集结优势，能够在更广阔的时空维度上调动包括资金、技术、人才、智力等在内的各种稀缺资源；二是专业化优势，具备专门的知识、流程、人员以及品牌、声望等无形资产；三是规模优势，开发体量大，成本分摊能力强，使开发成本大大降低；四是网络化整合优势，能够为县域政府和招商对象"量身定做"解决方案，而且网络所覆盖的合作伙伴越多，这种定制能力就越强。

政府购买服务这种现代行政管理模式，在产城融合发展中，展现出强大的生命力。第一，它使地方政府获得了发展工业园区所急需而自身当期财力又难以负担的基础设施投入。据不完全统计，在三个产业新城各自10年、5年和4年的发展历史中，依靠基础设施投入分别达到49.4亿元、20.4亿元和14.5亿元，分别达到各县同期累计一般预算收入的2.2倍、1.9倍、0.8倍。密集的、快速的、高效的基础设施投入构成了产业新城崛起的基本保障。

第二，它使全球一流战略规划团队的顶级设计和最先进的开发理念得以注入到产业新城的规划和建设之中。2002年，固安工业区在创建之初便确立了以"未来城市试验区"为核心理念的发展定位，工业园区规划由"新都市主义"倡导者美国

DPZ、EDSA、RTKL，英国阿特金斯（ATKINS），德国罗兰·贝格等国际级咨询机构担纲规划设计工作及产业定位研究；在制定空间战略发展总体规划的过程中，又先后聘请国内和欧美八个国家的 20 多位专家组成"国际工作营"，用长达半年的时间进行规划设计，形成了"公园城市、休闲街区、儿童优先、产业聚集"的规划和建设方针。

第三，为工业园区发展构筑起全程、高效的招商服务体系。招商引资效率直接关系到工业园区的发展速度和发展质量，招商服务又是影响招商成败的关键环节。政府通过购买服务的方式外包招商业务，使工业园区发展与专业招商机构的内在优势（强大的客户数据库平台+高度专业化的招商团队+完全市场化的激励机制+网络化整合招商资源）全面对接，招商引资的效率与以往相比得到了极大的提升。也正是凭借这种运作模式，固安工业园区在全国率先推出了全程无忧管家式服务。园区投资服务部下设 24 小时服务指挥中心，24 小时全天候服务对入驻企业实行封闭式管理，协助企业处理与政府各部门有关的事宜，为投资者营造了温馨的投资环境。

第四，有利于工业园区可持续发展中各种利益的长期均衡。可持续发展强调的是经济、社会和环境的协调发展，其核心思想是经济发展既满足当代人的需要，又不对后代人满足其需要的能力构成危害。在可持续发展中，环境与经济的协调至关重要。工业园区要实现生态环境系统与社会经济系统协调发展，无疑要有适度的行业规模和适中的发展速度，要有合理的产业结构，还要有比较稳定的利益结构。尤其是各种局部利益与全局利益、眼前利益与长远利益之间的冲突，都无法完全凭借其中一方的意志获得解决。在这种情况下，政府引入专业化的第三方机构负责基础设施建设和招商引资服务，通过制度安排形成了更趋稳定的利益结构，有助于弱化和消除各种可能的利益冲突。

**参考文献**

[1] [英] K. J. 巴顿：《城市经济学》，商务印书馆 1986 年版。

[2] 陈丰：《当前农民工"虚城市化"现象的制度解读》，《统计与决策》，2009 年第 3 期。

[3] 费孝通：《我看到的中国农村工业化和城市化道路》，《浙江社会科学》，1998 年第 4 期。

[4] 辜胜阻、易善策、郑凌云：《基于农民工特征的工业化与城市化协调发展研究》，《人口研究》，2006 年第 5 期。

[5] 郭克莎：《工业化与城市化关系的经济学分析》，《中国社会科学》，2002 年第 2 期。

[6] 国家发改委宏观经济研究院课题组：《加快我国服务业发展面临的问题与对策研究》，研究报告，2005 年 12 月。

[7] 李健英：《我国第三产业与城市化低相关性分析》，《城市问题》，2002 年第 1 期。

[8] 林毅夫、蔡昉、李周：《中国的奇迹：发展战略与经济改革》，上海人民出版社 2002 年版。

[9] 林毅夫、姚洋：《东亚奇迹中的中国农村工业化》，中国人民大学出版社 2003 年版。

[10] 刘斌、张兆刚、霍功：《中国三农问题报告》，中国发展出版社 2004 年版。

[11] 刘勇：《论服务业与制造业的协同发展》，《学习与探索》，2007 年第 6 期。

[12] 吕政、刘勇、王钦等：《中国生产性服务业发展的战略选

择——基于产业互动的研究视角》,《中国工业经济》,2006 年第 8 期。

[13] 马宗国:《我国城市总体发展途径探讨》,《城市发展研究》,2011 年第 6 期。

[14] 欧阳慧:《我国城镇化发展新特点、问题及对策建议》,国宏研究报告,2009 年第 7 期。

[15] 王延中:《论工业化与城市化的协调发展》,《学术界》,2002 年第 4 期。

[16] 温俊萍:《政府购买公共就业服务机制的研究》,《中国行政管理》,2010 年第 10 期。

[17] 闫恩虎:《城镇化与县域经济发展的关系研究》,《开发研究》,2011 年第 3 期。

[18] 阳盛益、蔡旭昶、郁建兴:《政府购买就业培训服务的准市场机制及其应用》,《浙江大学学报》,2010 年第 6 期。

[19] 叶裕民、黄壬侠:《中国新型工业化与城市化互动机制研究》,《西南民族大学学报》(人文社科版),2004 年第 6 期。

[20] 于秋华、于颖:《中国乡村工业发展的制度分析》,《财经问题研究》,2006 年第 12 期(总第 277 期)。

[21] [美] 约翰·科迪等主编:《发展中国家的工业发展政策》,张虹等译,经济科学出版社 1990 年版。

[22] 张松山:《新农村建设和我国城市化道路的选择》,《北方经济》,2006 年第 12 期。

[23] 周维富:《中国工业化与城市化协调发展论》,中国社会科学院研究生院博士学位论文,2002 年。

# 第五章　工业和服务业互动发展研究

中国工业和服务业之间的互动关系一直是产业经济研究重点关注的问题之一。尤其是当今中国面临着严峻的产业升级和结构高级化的压力，对于服务业与工业发展之间关系的研究和判断是十分迫切和必要的。随着技术进步和现代分工的发展，工业与服务业之间互动、协同发展正在越来越多的领域广泛展开，这不仅是现代产业演进的客观规律，更已成为全球经济发展新的趋势之一。随着经济新常态在中国的出现，积极发展现代物流、金融保险、科技服务、电子商务等生产性服务业为主的服务经济体系，坚持拓展规模和优化结构并举，形成工业与服务业融合、互动发展的局面，引领产业向价值链高端提升，是提升企业核心竞争力、推进工业经济转型升级的重要战略途径。

## 一、工业与服务业关系的理论综述

在理论界，关于工业（主要是制造业）与服务业之间的关系，归纳起来，主要有以下四种观点：

一是"需求论"。这种观点认为制造业是生产性服务业发展的前提和基础，生产性服务业是工业的补充和附属；没有制造业的发展，生产性服务业的发展将失去需求来源，正是制造业的发展扩大了对服务的高需求从而促进了生产性服务业发展。这种观点的主要代表是科恩和齐斯曼（Cohen & Zysman，1987）。他们提出，许多服务行业的发展，正是得益于制造业的发展和增长。如果没有制造业，社会就几乎没有对这些服务的需求。只有工业化和制造业发展到一定程度，才会对相关服务产生比较可观的需求。我国学者张世贤（2000）认为，工业化是我国经济和社会发展难以跨越的"卡夫丁峡谷"。我国的现代化任重道远，我国工业在国际市场上的优势正在转化为竞争优势。所以，我国应当进一步扩大工业投资，提高工业在国民经济中的比重。他认为，只有工业化和城市化都达到了一定水平，才能形成对于服务业的需求和市场，服务业才有可能获得高的要素投入回报。江小涓（2010）的研究指出，虽然多年里服务业没有取得预期的高速增长，服务业在国民经济中的地位也没有显著提升，但我国却能在这段时期保持几乎是全球最高的增长速度，服务业发展滞后并没有成为增长的障碍。由此可见，我国经济还没有进入需要服务业迅速增长的阶段。这一判断显然也暗含着服务业发展是经济增长附属物的假设。刘培林和宋湛（2006）通过分析经济普查数据发现，目前我国生产性服务业部门从其内在属性上看，是一个相对"昂贵"的产业，因为其装备一个劳动力所需的资产量比制造业多，财务效应和经济效益比制造业差，而且进入这些服务业的投资门槛不比制造业低。他们据此得出结论，在我国目前的国情之下，将大量资金投入生产性服务业的机会成本大于投入制造业的机会成本。

二是"供给主导论"。"供给主导论"认为服务业尤其是生产性服务业是制造业生产率得以提高的前提和基础，没有发达的生产者服务业，就不可能形成具有较强竞争力的制造业部门。生产性服务业的发展可以提高社会分工程度、延长产品的生产链条、降低社会经济运行的交易成本，从而有助于经济增长。国外学者持有这种观点的有奥法耶尔和希钦（O'Farrell & Hitchens，1990）、埃斯瓦兰和科特瓦尔（Eswaran & Kotwal，2001）等。前者指出，一个国家或地区如果没有生产性服务业的支持和促进，劳动生产率和本地制造企业的整体竞争力将受到影响。后者认为，生产性服务业可以带来更加深入的专业化和分工，另外还能够降低制造业所需要的中间服务成本。就我国的实际情形来看，江小涓（2010）指出，我国服务业发展滞后、效率较低，已经成为制约我国未来经济增长的重要因素。他们对跨国公司在华投资企业进行的一项调研表明，服务业发展滞后已成为影响制造业竞争力的重要因素。特别是分销、物流、融资和其他生产性服务业发展明显滞后，成为影响其在中国投资企业竞争力中不占优势的最主要原因之一。

三是"互动论"。即服务业和制造业之间不是单向的，而是双向的关系，也就是相互影响、相互促进、互动发展的关系。互动论的理论机理是：随着制造业部门的扩大，对生产性服务业的需求，如贸易、金融、交通、社会服务等，会迅速增加，这将提高制造业部门的生产率；反之，生产性服务业部门的增长也要依靠制造业部门中间投入的增加。而且，随着经济发展，服务业与制造业之间彼此依赖的程度加深。帕克和成

（Park & Chan，1989）、舒甘（Shugan，1994）和巴斯拉（Bathla，2003）都提出，制造业与生产性服务业之间表现出较强的相互依存关系。制造业的发展深化一定是中间投入品的逐步增加，需要越来越多的中间投入品，而这正是生产性服务业的最大作用；同时，生产性服务业的发展可以使制造企业更加专业化，外包出更多的服务环节，可以更加专注于自己的制造环节。先进制造业应该与生产性服务业协同发展，以提高竞争力和影响力。顾乃华等（2006）认为，在中国经济转型期，除了应关注生产性服务业通过提供中间投入品发挥的对制造业的"外溢生产效应"外，也应重视生产性服务业发挥的"外溢改革效应"。同发达的工业化国家不同，中国正处于经济体制的转轨阶段，体制改革相对滞后的服务业正承担起破除制造业体制改革瓶颈、减轻改革阵痛的功能。例如，生产性服务业的发展可以为制造业转移剩余劳动力提供一个合适的渠道，从而有利于解除制造业企业深化产权改革的瓶颈限制。

四是"融合论"。这是近年来出现的一类新观点。这类观点认为工业与服务业之间有协同整合的趋势。以生产性服务业为代表的服务业正加速向工业生产前期研发、设计，中期管理、融资和后期物流、销售、售后服务、信息反馈等全过程渗透。例如，伦德瓦尔和博拉斯（Lundvall & Borras，1998）就提出，随着信息技术的发展，服务业与工业正在呈现融合发展趋势。这种融合发展趋势在高科技制造业中表现得更为明显，在苹果公司的整个产业链中，服务环节的增加值和带来的利润远远超过制造环节。

我们认为，上述四种观点彼此并不矛盾，它们分别揭示了生产性服务业与工业（制造业）在不同发展阶段上的相互关系。

## 二、生产性服务业与工业（制造业）互动发展的理论假说

第一，"分工理论"。根据古典经济学派的理论，生产性服务外包是分工的深化、专业化程度不断提高的表现。Coffey 和 Drolet（1996）认为，每家企业将面对生产或购买的一项重大战略决策，它会影响成本结构、生产组织模式、可能的区位以及经济的结构。企业需要获得各种资源和生产产品或提供服务的能力，公司总是希望能够以最低的成本获得所需的资源和能力，从而才会在市场上形成竞争力。生产性服务外包，指的是企业通过与生产性服务行业的企业进行市场交易来满足生产性服务行业的需要，不仅发生在制造业企业中，同时也发生在服务企业中。制造业企业是一系列生产性服务业重要的生产者，包括内部研究和开发部门，批发和零售业，以及内部交通设施，而这些服务多由公司总部来提供（Coffey and Polese, 1987）。通过垂直分解，企业将本来由内部提供的生产性服务活动外部化，进行外包。Riddle（1986）认为，生产性服务业促进国民经济其他部门的经济增长，并在国家经济发展的过程中起到"黏合剂"的作用，为市场经济交易提供方便，能有效促进商品生产。奥地利学派认为，资本密集度不是提高生产效率的唯一因素，生产过程中的重组和迂回也可以有效地促进生产力的发展。迂回生产过程中需要更多的劳动力和资本投入，

同时增加了生产步骤,进而增加了中间投入品的数量。薛立敏(1993)认为,生产性服务业提供者可以被看作是一个专家聚集体,不断提供知识和技术使生产迂回增加,生产变得更加专业化,使其他元素在生产过程中可以发挥作用。随着时代的发展,分工和专业化的发展以及贸易部门的扩张将导致交易成本的增加,只有当部门产生的收益大于成本时,分工才得以实现和继续。生产性服务业作为中间投入品和生产有着非常密切的纵向联系,制造业企业对知识的大量需求和内部所需要的技术需要通过外部服务来实现。大量的需求,促进生产性服务业发展,制造技术和知识的需求也在一定程度上决定了生产性服务业的发展水平和竞争力。随着制造业的扩张,技术和知识的需求将继续增加,从而大大促进了生产性服务业的增长。

第二,"价值链理论"。价值链由美国的迈克尔·波特(Michael E. Porter)在1985年首次提出,它描述了客户价值如何通过一系列的最终形成的产品或服务的作业(Activity)而形成的。最初,波特将价值链描述为:一个公司用以"设计、生产、销售、交付和维护其产品"的内部流程和操作,这些过程显示了公司的经营战略。价值链是企业内部进行各种活动的一个连接,是使企业了解竞争优势分析方法,分析的目的在于企业价值活动的成本和差异化是获得竞争优势的来源所在,如图5-1所示。

第三,"生态群落理论"。经济群落与生态群落一样,是一个相互关系、相互影响的具体组织,而不是一个简单的经济制度安排的经济共同体,如农业群落、工业群落和服务业群落,制造业亚群落和生产性服务业亚群落则是非常重要的部分,如图5-2所示。

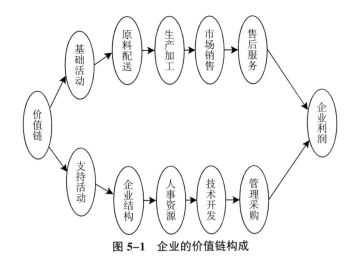

图 5-1　企业的价值链构成

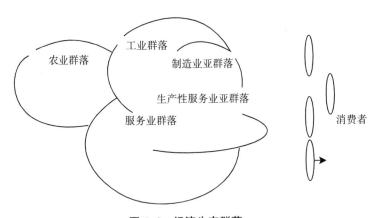

图 5-2　经济生态群落

农业群落、工业群落和服务业群落这三个群落是共生互动关系，特别是服务业群落则更多地融合在其他群落。Shelp（1984）指出，"农业、采掘业和制造业是经济发展的砖块，而服务业则是把它们黏合起来的灰泥"。服务不是"边缘化的或奢侈的经济活动"，而是经济的心脏，生产性服务业是这种混合物中最重要的成分，正是生产性服务业亚群落的存在，使服务行业群落共生的融合与其他两个群落共同形成一个有机的经济群落，在国民经济这个群落中，制造业分工、外包非核心业务及产业链的衍生，促成了生产性服务业的产生，并使其得到发展。另外，制造业要实现转型和升级，需要投入大量的知识和技术，这在一定程度上带动了生产性服务业的发展，生产性服务业的发展和提高的知识和技术，可以促进制造业综合竞争力和影响力的提升。制造业和生产性服务业得以相互促进、共同发展：制造业中间投入拉动生产性服务业的发展，生产性服务业的发展促进制造业，实现其转型和升级。

第四，竞争力视角互动机制。从竞争策略的角度分析，企业将专注于该领域发展自身的核心竞争力，通过外包或分包分散风险，将资源集中到最优竞争优势的行业，从而提升企业效率，并提高企业盈利能力。通过签署一个合同外包服务的行为"半组合"式的非完全市场化的组合（如企业联盟、分包等），可使原有的生产单元保持一定的效率和在竞争中保持灵活性，可以集中精力于自身的核心竞争力。

## 三、生产性服务业对于工业转型升级的支撑作用

Hansen（1990）指出，在柔性的知识和技术为导向的生产体系里，服务行业无论是作为一个生产部门内部的或独立的企业，在扩张分工、降低生产成本、提高劳动生产率方面都发挥了重要作用。Glasmeier 和 Howland（1994）也发现，在一个区域内生产性服务业的发展，提高了该地区其他行业的竞争力。

第一，服务业降低了工业（制造业）的生产成本。一方面，社会分工体系的扩大和复杂化使制造业企业有机会从外部

服务业企业购买服务。随着分工的不断细化，服务业企业越来越能够提供更专业化的服务。规模经济也使服务行业降低自身的生产成本，提高服务效率。制造业企业不太擅长经营某些服务性业务，其成本也比较高，制造企业也更愿意购买外部专业服务。这样一来，内部的服务和较高的固定成本转化为较低的可变成本，而且其制造业可以集中地良好运行，再加上专业化生产，从而提高了整体竞争力。Abraham 和 Taylor（1996）指出，企业更愿意在外部市场购买专业的服务而不愿意进行内部自我提供，主要的原因是外包可以节省劳动力成本。另一方面，服务业具有知识密集的特点。高品质的技术服务嵌入式制造业，在生产过程中，使制造业通过技能的提升降低了生产成本。

第二，服务业发展也降低了工业（制造业）的交易成本。对于制造业的发展，服务部门为其创造了一个更好的空间和环境。一是某些服务业本身就构成制造业成本，如金融物流业等，这些服务的发展，直接降低了融资、物流及其他交易成本。二是通过通信、信息技术等部门加强了企业的信息优势。公司通过使用互联网和它的一些产品可以让自己部门的电脑系统更有效率地运作，加强企业管理。三是一些服务性行业，如咨询、法律和其他部门提供了专业化的服务，这样的企业在拓展市场、与合作伙伴订立合同时不必亲自处理不擅长的非核心环节，交给专业的外部服务提供商处理，能降低成本，同时效率得到了提高。一方面，服务行业具有难以竞争和模仿的元素，作为制造业的要素投入，服务业所包含的一系列高级要素如知识、技术和人力要素会最终物化为最终消费所提供的服务和商品中。格鲁伯和沃克（1993）认为，服务行业能把日益专业化的知识要素、技术要素和人力要素导入商品的生产过程中，增强了现代生产过程的迂回性，同时进一步深化资本，不仅提高了服务行业制造效率投资的贡献，也可以提高在生产过程中的其他要素的生产率。另一方面，企业越来越多地外包其非核心业务，在外部市场上购买专业服务，整合自己的技术平台和服务平台。通过这种方式，公司可以专注于自己擅长的环节，以增强企业的核心竞争力。细化的劳动社会分工和规模经济，使服务标准化随着服务性企业的规模扩大而成本不断降低。制造企业在购买外部服务供应商提供的中间服务时，在一定程度上降低了成本，提高了自身的效率。

第三，发展服务业是制造业产品差异化和提高产品附加值的主要手段。Markusen（1989）认为，知识密集和差异化是服务行业的两大特点。一方面，服务元素是难以模仿的高端元素，是产品差异化的主要来源，对产品价值增值起着关键的作用。在激烈的市场竞争中，产品差异化竞争已取代价格竞争成为一个重要的竞争手段。企业要想在竞争中保持领先地位，并拉开差距，有必要采取差异化战略。未来企业提供的服务元素趋于不断增强。另一方面，服务具有知识密集的特征，知识的获取需要大量的初始投资，获取的知识形成服务产品时的边际成本是非常小的。因此，这些地区可以充分利用经济规模和产品差异化，增强公司的市场力量。在现代社会的生产中，企业价值的来源并不主要来自制造业，而主要集中在服务领域。现代经济单纯依靠扩大生产规模来降低成本的空间越来越小，制造业的利润率已经非常有限。当制造业发展到一定阶段，其利润的增长更多依赖于服务部门的支持。服务性行业可以比制造业企业创造更高的利润，提高制造业产品价值的比重，从而得以更快地发展，如 R&D 和营销服务部门。从生产过程来看，产品的实时处理与制造大部分的时间是在 R&D、设计、分销、销售、服务和其他服务行业中。服务业特别是生产性服务业在制造业的产前、产时和产后环节中起着重要的作用。著名的微笑曲线说明，价值链的高端是两头的服务行业。

总之，一方面，生产性服务业贯穿于生产、流通、分配和消费等制造部门，从产品设计到产品销售能够直接提供全方位的支持。另一方面，消费性服务越发达，就越可以为人们的生活提供良好的服务，越有利于人类的发展以及知识要素和人力要素的积累，由此更加有利于制造业的发展。

## 四、工业与服务业互动发展的趋势与模式

### (一) 工业和服务业互动发展的基本趋势

产业是指具有某种同类属性或特征的企业经济活动的集合，属于同一产业的企业群在产业内部、企业之间展开竞争；但是，一旦由于技术创新开发出替代性的产品或服务，或由于放宽限制，各产业展开相互介入，相关的产业企业群就会处于相互竞争的状态之中，从而使原来的产业边界消失或模糊。因此，产业融合是指通过技术革新和放宽限制来降低产业间的壁垒，在具有一定技术与产品的替代性或关联性的产业间的产业边界和交叉处发生技术融合，进而带来这些产业间的产品融合、市场融合，导致相关企业间竞争合作关系发生改变的经济现象。

随着信息技术的发展，传统意义上的服务业与工业之间的边界越来越模糊，两者正在呈现互动融合发展趋势。这一趋势在高科技产品中更为明显：在高科技产品中，服务价值的比重往往超过实体价值的比重。例如，机械、电子设备制造企业事实上不再是简单的销售产品，而是在销售产品的同时，还提供与该产品配套的包括信息系统、配套软件、操作程序以及维护服务等在内的一个完整的服务系统，也称"产品—服务包"。总的来说，从投入看，信息、员工培训、研发和销售等生产性服务在工业企业中间投入中所占比重越来越大；从产出结构看，工业企业的服务化趋势也在不断凸显。例如，IBM、惠普等公司均在 20 世纪 90 年代由制造型企业转型为服务型企业；近年来通用电气（GE）公司收入总额中服务业所占比重一直维持在 2/3 左右；通用汽车公司（GM）下属金融服务部门在 2004 年创造的利润占到公司全部利润的 80%。

与此同时，服务产品化的趋势也逐渐明朗。信息技术改变了许多服务难以储存、生产和消费必须同时进行以及生产者与消费者需要实体接触的特征，使大量的服务物化，可以像制造业一样批量生产，形成规模经济优势，从形态上已很难说它应属于产品还是服务，如软件光盘、影像制品和电子书籍等。

## （二）工业与服务业互动发展的主要模式

历史地看，生产性服务在工业制造领域中的作用，从最初以辅助管理为主的润滑剂作用，发展到 20 世纪 70~90 年代以促进功能为主的生产力作用，自 20 世纪 90 年代以来逐渐转向以战略功能为主的推进剂作用。[①] 工业与服务业的互动发展主

---

① 李江帆：《国外生产性服务业研究述评》，《外国经济与管理》，2004 年第 11 期。

要体现为以下三种方式。[①]

（1）结合型。它指工业和服务业各自更多地以对方产品作为中间投入品。不仅工业产品的生产过程需要越来越多的服务投入，而且工业产品作为技术、设备投入对服务业的运行过程也日益重要。例如，移动通信、互联网、金融等服务提供过程中无不依赖大量的"硬件"投入。这些作为中间投入的工业产品或服务业产品，不以独立的价值形态出现，而是与对方结合为一体，体现为新的最终服务或产品。

（2）绑定型。它指实体工业产品必须与相应的服务业产品绑定在一起使用，才能获得完整的功能体验。在这种融合过程中，满足消费需求的已不仅是有形产品，而是从产品购买、使用、维修到报废、回收全生命周期的服务保证，产品的内涵已经从单一的实体，扩展到为用户提供全面解决方案。服务引导工业部门的技术变革和产品创新，服务的需求与供给指引着工业技术进步和产品开发方向。

（3）延伸型。这种模式是指以体育文化产业、娱乐产业为代表的服务业引致周边衍生产品的生产需求，从而带动相关制造业的共同发展。电影、动漫、体育赛事等能够带来大量的衍生品消费，包括服装、食品、玩具、装饰品、音像制品、工艺纪念品等实体产品，这些产品在文化、体育和娱乐产业周围构成一个庞大的产业链，这个产业链在为服务供应商带来丰厚利润的同时，也给相关制造产业带来了巨大商机。

---

① 胡国良：《国外现代服务业与先进制造业融合发展的现状、模式和趋势》，《新华日报》，2009 年 3 月 10 日。

### （三）新常态下工业与服务业互动发展的战略意义

《中共中央"十三五"规划建议》提出，"十三五"期间加快建设制造强国，实施《中国制造 2025》，构建产业新体系，推动制造业由生产型向生产服务型转变。在这种情况下，加快发展现代服务业特别是生产性服务业，促进服务业优质高效发展，推动工业与服务业互动发展，对中国经济的转型升级之路有着特殊的战略意义。

（1）转变经济发展方式、提高可持续发展能力的内在要求。经济发展方式转型的关键是使经济增长由过度依赖资金、自然资源和环境投入，以量的扩张实现增长，转向更多地依靠提高劳动者素质和技术进步，以提高效率获取经济增长。服务业具有需求收入弹性高、发展潜力巨大、资源环境亲和的特点，是经济可持续发展的重要源泉。从中间投入结构看，可持续发展意味着降低非再生性资源消耗在制造业中间投入中的比重，相应提高再生性资源耗费比重，进而使工业对实物资源的需求相对下降，对服务资源的需求相对上升。因此，大力发展生产性服务业，促进工业与服务业融合发展，使各类生产要素得到充分激活和最优配置，是实现全面可持续发展的必然选择。

（2）提升制造业核心竞争力、推进产业结构升级的重要保障。改革开放以来，我国制造业依靠接近于无限供给的低成本劳动力优势，一味扩大加工规模、降低成本、为跨国公司代工的发展模式，已经面临越来越大的战略局限性。随着消费需求的升级、产业要素价格的上涨以及国内外市场竞争的全面对接，我国制造业将面临严峻的产业升级和结构高级化的挑战。发达国家的经验表明，在工业化中后期，随着分工深化和服务外包化趋势，企业的业务流程、组织架构不断调整，从制造领域独立出来的设计策划、技术研发、物流等生产性服务业，对制造业升级的支撑作用逐渐显现。从这个意义上讲，通过发展生产性服务业，为制造业提供全面、完善的协作与配套环境，是推进制造业结构调整的前提和保证。

（3）扩大城镇就业、推进城镇化与工业化协同发展的现实选择。长期以来，由于在战略上没有充分重视城镇对工业发展的聚集和支撑效应，我国城镇化水平与工业化进程出现了比较明显的脱节。2014年，城镇化率与工业化率之比为1.53，在国际公认1.4~2.5的合理范围中仍处于偏低水平。从就业结构看，我国服务业就业比重为40.6%，世界上大多数低收入和中等收入国家一般为45%，发达国家大都在70%左右。造成这种状况的原因在于，受产业层次和空间布局影响，工业部门对生产性服务的中间需求不足，进而抑制了城镇服务体系的发展，最终导致城镇就业岗位短缺。因此，以生产性服务业为突破口，着力强化城镇对制造业发展的配套服务功能，推进工业和服务业融合发展，不仅可以有效提升城镇对工业化的集聚和承载能力，更能够在深层次上打破限制城镇发展的根本束缚，为城镇化进程开辟更大的发展空间。

## 五、实证分析：中国工业与服务业互动发展的特征与趋势

### （一）总体态势：服务业规模扩大，地位上升，但总量不足和结构偏低的特征依然明显

"十二五"时期以来，我国服务业发展的速度明显加快，

服务业的规模和水平都得到了显著的扩大和提升。按当年价计
算，2011~2014年服务业增加值年均增长14.1%，超过同期
GDP增速2.4个百分点，对GDP增长的贡献率由"十一五"时
期的46.5%升至55.1%；三次产业构成由2010年的9.6：
46.2：44.2，变为2014年的9.2：42.7：48.1，服务业对经济增
长的带动作用更加凸显。相比之下，工业与服务业增长速度的
差距逐渐拉大，对GDP增长的贡献率也在相应滑落，具体如
表5-1所示。这种变动不仅是新常态下我国经济结构调整的重
要体现，也为工业和服务业互动发展创造了有利的条件。

表5-1　我国工业和服务业GDP年均增速及增长贡献率　　　单位：%

| 时间 | GDP平均增速 | 工业 | | 服务业 | |
|---|---|---|---|---|---|
| | | 年均增速 | GDP增长贡献率 | 年均增速 | GDP增长贡献率 |
| 2001~2005年 | 13.3 | 14.0 | 43.1 | 14.1 | 43.2 |
| 2006~2010年 | 17.1 | 16.1 | 38.3 | 18.6 | 46.5 |
| 2011~2014年 | 11.7 | 8.9 | 28.9 | 14.1 | 55.1 |

资料来源：国家统计局：《中国统计年鉴》(2015)，中国统计出版社2015年版。根据《中国投入产出表》(2007)数据计算。

在服务业内部，科学研究和综合技术服务业、金融保险
业、教育培训业、信息服务业等现代服务业发展速度显著快于
传统服务业。2011~2013年，租赁和商务服务业增加值年均增
长21.2%，科学研究和技术服务业增加值年均增长达到19.6%，
水利、环境和公共设施管理业增加值年均增长为19.2%，金融
业增加值年均增长为17.1%，房地产业增加值年均增长为
15.2%，信息传输、软件和技术服务业增加值年均增长为
14.8%；在传统服务业中，批发零售业增加值年均增长为
16.2%，交通运输、仓储和邮政业增加值年均增长为11.5%，
住宿和餐饮业增加值年均增长仅为9.9%。但是，总体来看，

传统服务业在服务业中仍占较大的份额。例如，按联合国统计司（UNSD）数据计算，2013 年我国批发和零售业、住宿及餐饮业占到服务业增加值的 25.6%，明显高于美国（14.9%）、德国（16.2%）和日本（19.6%）的水平（见图 5–3）。新兴产业与发达国家存在较大差距。除交通运输、仓储和邮政，批发和零售、住宿及餐饮等之外的新兴服务业增加值占到服务业的 66.1%，显著低于美国（79.8%）、德国（77.4%）和日本（73.3%）的水平。

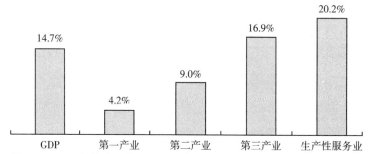

**图 5–3　2013 年批发零售业、住宿餐饮业占服务业比重（按当年价计算）**
资料来源：根据联合国统计司（UNSD）数据计算得到。

在产出增长的同时，服务业投资也保持了较快的增长势头。但是，大量的热钱继续涌向房地产业，在一定程度上掩盖了其他服务业特别是新兴服务业的投资不足。2014 年，我国房地产业实现固定资产投资 131348.2 亿元，占服务业投资的 45.8%，比 2010 年上升 3.1 个百分点；信息服务、商务服务和技术服务等新兴服务业只占服务业投资的 5.7%。2011~2014 年，房地产业对我国服务业投资增长的贡献率高达 49.3%。其中，信息服务、商务服务和技术服务等对服务业投资增长的贡献率只有 7.2%。新兴服务业发展的相对滞后对我国优化资源配置、提高人力资本素质、提高技术水平和社会组织化程度构成了障碍。

## （二）时间序列分析

本研究的数据样本为 1992 年第一季度到 2012 年第二季度的共 82 个有效样本。这里的实证分析使用 STATA 12.0 完成。表 5-2 为变量的描述性统计。

表 5-2　变量的描述统计特征

| 变量 | 变量名 | 平均值 | 标准差 | 最小值 | 最大值 | 样本数 |
|---|---|---|---|---|---|---|
| 季度 | quarter | 168.5 | 23.81526 | 128 | 209 | 82 |
| 第二产业增加值 | output2 | 18923.28 | 14507.75 | 2365.2 | 55811.43 | 82 |
| 第三产业增加值 | output3 | 17106.28 | 14077.38 | 2019.2 | 53442.89 | 82 |

本研究首先利用 Census X12 季节调整法进行季节调整，然后对各变量取对数并进行平稳性检验。

1. 单位根检验

下面使用 ADF（Augmented Dickey-Fuller）方法对变量平稳性进行检验。检验结果如表 5-3 所示。

表 5-3　各变量单位根检验

| 变量 | ADF 值 | 检验结论 | 变量（一阶差分） | ADF 值 | 检验结论 |
|---|---|---|---|---|---|
| lnoutput2 | 0.168 | 不平稳 | D.lnoutput2 | -2.944 | 平稳 |
| lnoutput3 | -0.408 | 不平稳 | D.lnoutput3 | -3.034 | 平稳 |

注：ln 表示自然对数；D 表示一阶差分；表中数据表示在 5% 的水平上显著（下同）。

从表 5-3 中可见各变量一阶差分的 ADF 值在 5% 水平上显著，lnoutput2、lnoutput3 等时间序列都是一阶单整 I(1) 序列。

2. 协整检验与 VEC 模型估计

对各序列数据进行 Johansen 协整检验。该方法是基于 VAR 模型的秩检验方法的推广，结果如表 5-4 所示。

109

表 5-4　Johansen 协整检验

| 协整方程个数 | 特征根 | 迹统计量 | 5%临界值 |
| --- | --- | --- | --- |
| 0 | | 20.4210 | 16.87 |
| 最多 1 个 | 0.23034 | 12.2641 | 3.74 |
| 最多 2 个 | 0.14549 | | |

注：通过 AIC 和 SBIC 信息准则选择 VEC 模型滞后项数 p 为 4。

从表 5-4 中可以看出，检验结果表明 lnoutput2、lnoutput3 之间存在长期稳定的协整关系。

在完成对各变量的单位根检验和协整检验后，可以通过 VEC 模型找到两者之间的长期均衡关系。

误差修正项表明中国第二产业增加值和第三产业增加值之间的长期均衡关系可表示为：

$$lnoutput2 = -0.903 lnoutput3 - 0.824$$

其中，第三产业增加值对第二产业增加值的长期影响系数是 -0.903。这表示在其他条件不变的情况下，第三产业增加值每降低 1%，第二产业增加值反而会增加 0.903%。如果以第三产业增加值为被解释变量，结果如下：

$$lnoutput3 = -1.108 lnoutput2 + 0.912$$

其中，第二产业对第三产业增加值的长期影响系数是 -1.108。这表示在其他条件不变的情况下，第二产业增加值每降低 1%，第三产业增加值反而会增加 1.108%。从影响系数上来看，第三产业对第二产业的影响系数是 -0.903，第二产业对第三产业的影响系数是 -1.108，从数值方面来说两者都比较接近于 -1，这说明两者之间的影响关系不是非常明显。

3. VAR 检验

VAR 模型的实质是考察多个变量之间的动态互动关系。这里只有 lnoutput3 一个变量，下面考察两者之间的关系。

根据 VAR 检验反映的结果可知其有如下关系：

$Dlnoutput2_t = 0.086Dlnoutput3_{t-1} + 0.527Dlnoutput3_{t-2} - 0.186Dlnoutput3_{t-3} - 0.154Dlnoutput3_{t-4} + 0.156$（已通过 AIC 和 SBIC 信息准则选择 VEC 模型滞后项数 p 为 4）

其中，滞后一期和滞后二期的影响系数为正，而滞后三期、滞后四期的系数为负。这说明，从滞后一期和滞后二期来看，第三产业增加值对第二产业增加值有促进作用，而在滞后三期和滞后四期时结论相反。滞后二期的系数最大，显著性最强，这表明在滞后二期时对于第二产业影响较大。

如果以第二产业为被解释变量，结果如下：

$Dlnoutput3_t = 0.841Dlnoutput2_{t-1} - 0.494Dlnoutput2_{t-2} + 0.102Dlnoutput2_{t-3} + 0.328Dlnoutput2_{t-4} + 0.033$

其中，滞后一期、滞后三期和滞后四期的影响系数为正，而滞后二期的系数为负。另外，滞后一期时系数最大，显著性最强，这表明在滞后一期时对第三产业影响最大。

4. HP 滤波分析

这里再用 Hodrick-Prescott（HP）滤波方法描述中国工业和服务业增加值时间序列的长期变化趋势（λ=100）（见图 5-4）。

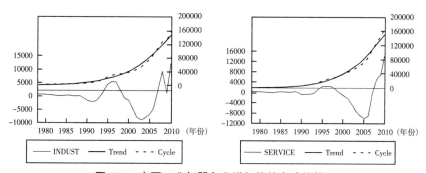

图 5-4　中国工业与服务业增加值的变动趋势

从图 5-4 中可以看到，1978 年以来，中国工业和服务业增加值的波动态势基本吻合：1989~1993 年，工业增加值的波动序列为负，1990~1993 年服务业的波动序列为负；1993~1998 年，工业增加值存在正向缺口，而服务业的正向缺口延续到 1999 年；之后两序列均呈现出正缺口，直到 2006 年又转为负向缺口。HP 分析结果显示，工业增加值缺口和服务业增加值缺口具有基本相同的分布。

对这两组时间序列的相关分析结果显示，它们之间的 Pearson 相关系数为 0.998，相关的 t 统计量为 90.123，其在统计上是显著的。这说明，工业增加值与服务业增加值之间存在极高的相关性。

再对两组数据进行回归曲线拟合，可以分别得出服务业增加值对工业增加值的弹性系数为 1.14（$R^2=0.996$），工业增加值对服务业增加值的弹性系数为 0.87（$R^2=0.996$）。据此推算，服务业增加值每增长 1 个百分点，工业增加值增长 1.14 个百分点；工业增加值每增长 1 个百分点，服务业增加值则增长 0.87 个百分点。从分析结果看，服务业对工业发展的拉动作用大于工业发展对服务业的拉动作用。

### （三）投入产出分析

#### 1. 工业增长对服务业的影响

判断工业和服务业相互的需求程度可以用投入产出表的消耗系数来说明。直接消耗系数是指某一产业生产一个单位产品所直接消耗其他产业（包括自身产业）产品的数量，反映了该产业和其他产业之间存在的相互提供产品的依赖关系；完全消耗系数指某一个产业生产一个单位产品所完全消耗各部门产品和服务的数量，是全面揭示国民经济各部门之间技术经济的全部联系和相互依赖关系的指标。

从表 5-5 中可以看出，2012 年我国工业对自身的直接消耗系数高达 0.617，对农业和服务业的直接消耗系数分别仅为 0.051 和 0.107，工业部门工业产品投入和服务性产品投入的比率为 6.3∶1。相比之下，美国工业对自身的直接消耗系数仅为 0.401，对农业和服务业的直接消耗系数分别达到 0.040 和 0.157，工业部门工业产品投入和服务性产品投入的比率为 2.6∶1。值得指出的是，中国工业的中间投入率为 77.6%，美国只有 60.8%。这也就是说，中国工业的增值能力比美国要低约 17 个百分点。[①] 这种差距与双方投入结构的不同有着很大的关系。

表 5-5　中国与美国主要产业间直接消耗系数

| 主要产业 | 中国（2012 年） | | | 美国（2012 年） | | |
|---|---|---|---|---|---|---|
| | 农业 | 工业 | 服务业 | 农业 | 工业 | 服务业 |
| 农业 | 0.138 | 0.051 | 0.010 | 0.218 | 0.040 | 0.001 |
| 工业 | 0.226 | 0.617 | 0.189 | 0.215 | 0.401 | 0.064 |
| 服务业 | 0.050 | 0.107 | 0.256 | 0.145 | 0.157 | 0.297 |

资料来源：根据《中国投入产出表（2012）》和《美国投入产出表（2012）》数据计算。

我国工业对自身的完全消耗系数高达 1.927，对服务业的完全消耗系数仅为 0.433。这意味着，中国工业每增加 1 个单位的最终需求，将对整个工业部门产生 2.927 个单位的总需求，对服务业只形成 0.433 个单位的需求，两者比率为 6.8∶1。同期，美国工业每增加 1 个单位的最终需求，对自身和服务业分别拉动 1.744 个和 0.409 个单位的总需求程度，两者比率为 4.3∶1（见表 5-6）。

---

① 中间投入率为中间投入与总投入之比。中间投入率与增加值率之和应为 1。

表 5-6  中国与美国主要产业间完全消耗系数

| 主要产业 | 中国（2012年） | | | 美国（2012年） | | |
|---|---|---|---|---|---|---|
| | 农业 | 工业 | 服务业 | 农业 | 工业 | 服务业 |
| 农业 | 0.210 | 0.178 | 0.062 | 0.305 | 0.089 | 0.010 |
| 工业 | 0.813 | 1.927 | 0.756 | 0.508 | 0.744 | 0.159 |
| 服务业 | 0.198 | 0.433 | 0.457 | 0.382 | 0.409 | 0.460 |

资料来源：根据《中国投入产出表（2012）》和《美国投入产出表（2012）》数据计算。

2. 服务业增长对工业的影响

中国服务业对工业和自身的直接消耗系数分别为 0.189 和 0.256，二者比率为 0.74∶1；美国服务业对工业和自身的直接消耗系数分别为 0.064 和 0.297，二者比率为 0.2∶1。显然，中国服务业在投入结构上对工业产品有较大的依赖性，而美国服务业更多依赖本部门自身的投入。中国服务业的增加值率为 53.6%，比美国低 8.5 个百分点。

从产业波及效应看，中国服务业每增加 1 个单位的最终需求，对自身的需求波及程度为 1.457，对工业则达到 0.756，两者比率为 1.9∶1。美国服务业每增加 1 个单位的最终需求，对自身的需求波及程度为 1.460，对工业则达到 0.159，两者比率为 9.2∶1（见表 5-6）。这表明，中国服务业增长对工业的拉动作用远远强于美国。

3. 服务业内部分析

从表 5-7 中可看到，2007~2012 年中国工业对服务业内部各部门的直接消耗上，工业对服务业的带动作用有较大改进，服务业中间投入率从 0.085 增加到 0.107。尤其是对批发和零售业及金融保险业，工业对这两个服务业部门使用的中间投入率分别增加了 37.5% 和 57.1%。但是对其他的一些服务业部门还存在着较大的提升空间，如邮政业、文化体育娱乐业、公共管理和社会组织，以及旅游业、科学研究事业等。制造业对服务业的完全消耗比直接消耗有一定的提高，说明在服务业内部本身的产业联系比较密切，也反映出我国生产性服务业还处于较低的发展层次，制造业消耗了相当比例的社会服务与公共服务，而对生产性服务业的需求则侧重于内涵和资本密集度都不高的租赁服务、交通运输和批发零售行业。

**表 5-7　工业对服务业内部各部门直接消耗（2007 年和 2012 年）**

| 工业 | 2007 年 | 2012 年 |
| --- | --- | --- |
| 中间投入率 | 0.767 | 0.776 |
| 其中：服务业 | 0.085 | 0.107 |
| 运输仓储邮政、信息传输、计算机服务和软件业 | 0.027 | 0.027 |
| 批发零售贸易、住宿和餐饮业 | 0.024 | 0.033 |
| 房地产业、租赁和商务服务业 | 0.009 | 0.012 |
| 金融业 | 0.014 | 0.022 |
| 其他服务业 | 0.012 | 0.014 |

资料来源：根据《中国投入产出表（2007）》和《中国投入产出表（2012）》数据计算。

投入产出分析表明，中国服务业发展尚处于稚嫩期，对工业的中间需求和依存度都还比较高，最终需求对工业部门的波及效应也比较明显；工业在中国仍处于经济的中心枢纽地位，工业自身内循环特征较为明显，对服务业的中间需求弱，依赖程度较低，服务资源对工业增长的支撑作用尚未充分显现，工业经济对服务业发展的波及效应尚不显著；服务业更多处于边缘、依附地位，经济结构转向"服务经济"还有很长的路要走。

## 六、工业与服务业互动发展所面临的限制因素

### （一）服务业内部结构不合理

相对于制造业的快速发展而言，中国服务业发展滞后，总量不足，服务业比重偏低，自主创新能力不够强。服务业包括传统服务业和现代服务业。传统的服务行业，是为人们的日常生活提供服务的各种服务性行业，如餐饮、酒店、商业，大都历史悠久。现代服务业是指在新技术革命浪潮的推动下产生或有较大发展的服务行业，如信息咨询、计算机服务。传统服务业和新兴服务业都是一个动态的概念，随着时间的推移，此时为传统的服务行业，彼时则为现代服务行业。但是，也不是转瞬即逝的，它们具有相对稳定性。

### （二）服务业市场化程度相对较低

由于体制、政策的原因，生产性服务业的市场准入门槛普遍高于工业，管制过多、市场化程度低的问题较为突出。银行、保险、电信、铁路、教育、新闻出版、广播电视等行业，至今仍保持着十分严格的市场准入限制，其他一些行业对非国有经济和外资也没有完全开放。较高的进入门槛和狭窄的市场准入范围将绝大多数潜在投资者拒之门外，甚至其他行业的国有企业也难以进入。所有制结构单一，造成服务业部门资源流入不足，弱化了竞争机制在产业发展中调节资源配置的基础性作用。其结果导致服务业创新不足，企业经营效率低下，行业发展的活力与动力丧失，服务业供给能力的扩张受到制约。多数服务产品的价格还是由政府制定和管理，市场决定价格的机

制在一些服务领域尚未建立。一些"热门"行业的价格水平明显高出国际市场，不仅服务质量远远不能满足消费者需求，市场供求状况和企业的成本效益也难以得到真实反映。较低的市场化程度导致市场竞争的不规范和不成熟，凸显了市场分工的不确定性，抬高了市场交易成本，在一定程度上抑制和削弱了工业企业外包生产性服务的内在动力。

### （三）工业生产的社会化程度低，对服务业需求不足

在企业发展思维上，"大而全"、"小而全"、"万事不求人"的小生产观念仍十分普遍，工业生产的社会化、专业化程度不高。目前，在我国工业经济中占主导地位的仍然是劳动密集型产业和产品。受竞争环境和自身素质的影响，相当数量的企业还在采用传统以至陈旧的生产模式，竞争策略主要依赖成本优势和价格竞争，技术进步、产品开发和产业升级的速度较为缓慢。对比国外规模型制造企业，外购服务已经成为企业缩减成本的主要手段；我国工业企业产业链过于侧重实体产品的生产，物质材料消耗占产品成本比重较大，外包项目主要以产品生产为主，外包服务不多且涉及面窄，与产品制造相关的金融、市场销售、人力资源、外购信息技术等占全部支出的比重偏小。对国有及国有控股企业来说，由于劳动用工体制僵化，业务调整和人员精减还面临着高昂的交易成本，导致对外包服务需求不足，也束缚了生产性服务业的发展。

### （四）外资企业与本地服务经济关联程度较低

20 世纪 90 年代以来，以本地各类廉价资源（劳动力、土地和环境等）对接由跨国公司主导的国际产业转移，迅速扩大产业规模和经济总量，逐渐成为东部沿海地区越来越普遍的工业发展模式。但是，这种模式在有力促进地方经济发展的同

时，也暴露出较为明显的局限性，即外资企业与本地经济的产业关联薄弱。仍以长三角地区为例，外资制造业中加工型、出口型、生产型企业居多，而且大多属于跨国公司全球生产组织体系中的封闭环节，产品线和产业链延伸不足，呈现"两少一多"特征，即外商投资企业对本地金融机构的信贷服务需求少；产品设计、关键技术、零部件依赖于进口，对本地研发或技术服务需求少；产品直接出口多，而且大多进入跨国公司营销体系。此外，外资制造业所需的高级管理人员培训、物流服务、法律服务、广告策划、市场调研等商务服务，也表现出明显的外向化特征，制造业与服务业之间内在的产业关联被割裂，产业链向服务业增值部分的延伸受到抑制。

**（五）城市化进程对服务经济的支撑能力有限**

服务产品的一个重要特征是生产和消费必须在时间和空间上具有高度一致性。服务业的内部结构与城市规模结构有较高的相关性。资料显示，我国超大城市服务业增加值占生产总值的比重达52%，特大城市是46%，大城市为42%，中等城市为38%，小城市为34%。一般说来，高附加值的、为生产服务的、新兴的服务业往往与城市规模联系在一起。这是因为城市聚集了大量的人口、资源、信息和产业，是服务业产业化的基本载体。近年来，我国部分地区服务业发展已呈现一定的园区化、规模化和集群化趋势，但是由于城市化进程相对滞后，服务业资源分布相对分散、业态种类较少、集聚程度较低的问题仍比较突出。工业生产链条上的技术研发、人员培训、经营管理、会计服务、法律咨询、信息服务等关键环节，得不到相关支撑服务体系的协作与配合，大量本应通过外包方式完成的服务活动不得不在工业企业内部消化完成。

118

### （六）服务业发展缺乏有效的区域分工和协作机制

在市场经济条件下，微观经济主体在制定投资决策时，往往着眼于所在区域的经济状况和投资大环境。随着中心城市在区域范围内集聚资金、人才、技术、信息等产业要素能力的大幅提升，区域产业结构的同构化基础不断被瓦解，建立基于比较优势和产业链区别定位之上的区域分工体系越来越具有经济性和现实意义。但是，作为各城市互设壁垒、低效率同质化竞争的制度基础，分税和分灶吃饭的财税体制并没有明显的改变。受地方利益的驱使，在生产性服务业发展中也出现了工业领域的"顽症"——低水平重复建设、过度竞争和资源浪费。例如，以长三角为中心的华东地区，机场数已达每万平方公里0.8个，超过美国平均数0.2个，已经成为国际上机场密度最高的地区之一；长江江苏段南京往下内河港口林立，能力一扩再扩，现拥有万吨级码头泊位100多个，但大多货源不足、浪费严重；随着"物流热"的兴起，在长三角地区从沪宁杭"一线城市"，到嘉兴、湖州、扬州、南通等"二线城市"，甚至到宜兴等"三线城市"，又涌动起"建设区域物流枢纽"的冲动。由于缺乏有效的区域分工，重复建设、结构雷同不可避免地要降低服务业增长的集约化程度，牺牲增长效率。

### （七）产业互动发展面临着一定的政策歧视

在分工和专业化机制的作用下，生产性服务从工业内部独立出来，通过外包方式演变为专门的产业形态，这既是我国工业发展高级化的必然趋势，也是走新型工业化道路的重要环节。生产性服务业的成败关键在于专业化的服务质量及其成本水平能否使工业生产效率得到改进。显然，这也应是相关政策取向和措施选择的主要着力点之一。但是，目前服务业领域存在着严重的政策性歧视问题，对产业发展构成了明显的束缚和抑制作用。其中，反映强烈的主要是服务业用水、用电和用地政策与工业政策的巨大反差。例如，在安徽，服务业用电每度电费为 0.955 元，而工业用电不到一半，仅为 0.45 元；服务业用水价格为 2.3 元/吨，也比工业高出甚多，还要加收一次污水处理费；在用地方面，工业项目用地是协议用地，服务业用地则是挂牌方式。此外，在一些服务业领域的开放上也存在外资"超国民待遇"问题。某些服务业领域对外资开放但迟迟不对内资开放。如果仅仅依靠国有企业和外资，不充分调动全社会的力量，尤其是民间资本的积极介入，必然会对生产性服务业的持续健康发展埋下重大隐患。

## 七、新常态下促进工业与服务业互动发展的政策取向

随着中国经济进入新常态，客观上要求服务业在经济和社会的可持续增长中发挥更大的作用。前面的分析已表明，我国制造业和服务业的发展水平都还比较落后，未能形成一个完全互动协调的状态。另外，中国是一个典型的出口导向型国家，严重依赖外国投资和出口，但并没有占据国际价值链中的关键环节，在跨国公司的挤压下只能以巨大的成本获得微薄的利润，很难上升到价值链的高端。要改变这种状况，有必要建立自己的市场和品牌，这是建立国内价值链的一种有效方式。因此，在新常态下可以考虑采取如下政策取向。

### （一）制造业与服务业并重发展

目前中国制造业发展水平相对较低，在微笑曲线的低谷，

多为劳动密集型。在这种方式中，缺乏对服务行业，尤其是缺乏对高端服务的需求。因此，我们应积极推动制造业的升级，而这与服务行业的发展是分不开的。另外，服务业内部结构是不合理的，特别是高端服务业发展滞后。因此，必须大力促进服务行业的发展。服务业和制造业是一个动态的平衡，是相互作用的关系，一个产业的发展显著影响另一个产业的发展。因此，这两者都应高度重视，并大力提倡发展服务业。

### （二）积极构建国内价值链

作为一个典型的出口导向型的经济结构，中国工业主要是凭借低成本要素的比较优势和良好的基础设施，尤其是凭借贴牌代工的发展，植入到发达国家控制的全球价值链分工体系中，处于全球价值链的低端。然而，这方面的发展正面临着严峻的挑战，因为生产成本上升，许多代工企业越来越小的利润空间，造成了大量的劳动密集型企业待工压力产生，甚至破产倒闭。此外，许多发达国家的订单已经转移到更便宜的邻近的发展中国家。然而，一些不发达国家和地区的企业起初以融入 GVC（Global Value Chain）为基础，但后来转型植根于国家的价值链体系（National Value Chain，NVC），主要与 GVC 连接，要逐步实现产业升级和国际竞争力。很显然，建造 NVC 的目的就是摆脱发达国家的局限性，建立本地品牌、技术和市场。

龙头企业是一种建立 NVC 的有效方式。所谓的领导企业是掌握产品的品牌、渠道的销售终端、核心创新和研发设计能力的，位于产品链的顶端位置，领导和控制着其他企业的产品链网络。通过控制将产品链中非核心的业务外包给其他企业来建立产品链分工网络体系。公司领导起着主导性的作用，在本部门的网络系统，其他企业主要是为其提供专业化的生产及配套服务。

### （三）重点发展战略优势产业

外贸和经济发展很大程度上依赖于外部需求的拉动。市场是企业的创新与发展的基本动力，国际市场的不稳定使本地公司必须注重培养当地市场，并充分利用国内和国际市场的互补作用，促进国内市场的品牌战略，提高国际市场的学习效应。一方面，主要表现为局部市场建立自己的品牌；另一方面，还接收国际卖家或跨国公司的订单，但也有自己的创新技术外溢，同时也吸收国际大公司。

战略竞争力的产业协调发展是产业中的一个重要环节。优先战略竞争力的产业的发展可以促进服务业和制造业互动发展机制的建立。建立一个先进制造系统，要重点发展电子信息，装备制造，现代纺织原料，物埋医学的基础材料、新材料、软件和其他优势产业，来促进服务业和制造业的协调发展。现代服务业的发展，有必要积极发展金融业、现代物流、技术服务、信息服务、商务服务等生产性服务业，支持有条件的集团做大做强。同时，继续专注于服务外包。加快发展服务外包基地，促进服务外包、软件和其他高端服务业加快发展。同时，引进国际企业总部，要下大力气培育本地的企业总部，加快发展总部经济。

### （四）消除体制性障碍，引入和强化市场竞争

必须按照公正和公开的原则，加快对垄断性行业的改革步伐，合理引导民间资本和外资参与国有企业改组改造，推进非基本服务行业的资源配置由政府为主向市场为主转变。加大服务业对内和对外开放力度，利用多种渠道和手段吸引产业要素投向现代服务部门，提高竞争程度，推动产业升级。除国家法

律、法规禁止进入的领域，其他投资领域各类资本均可进入。对于有利于制造业升级、解决就业、符合条件的企业可以通过税收优惠、放宽审贷条件、项目融资、设立产业投资基金的方式，充分调动民间资本进入服务业。建立公开透明、高效规范的市场监管体制，加强对产业发展的总体规划和统筹管理，全面清理涉及服务业的行政事业性收费。积极推进产业标准化工作，提高服务质量，规范服务行为。健全完善行业自律机制，减少和避免无序竞争造成的资源浪费。

**（五）强化产业关联，构建有利于服务业与制造业融合发展的互动机制**

大力发展产业内部的专业化分工体系，推动龙头企业通过经营管理方式创新，逐步将发展重点集中于技术研发、市场拓展和品牌运作，通过各种外包合作方式，将一些非核心的生产性服务环节剥离为社会化的专业服务，形成一批专业化的配套服务企业，以核心竞争优势整合配套企业的服务供给能力，带动产业链在规模和技术两个层面上不断发展。围绕外资制造业，积极推进生产性服务业的对外开放进程，有针对性地吸引关联性外资服务业进入，变单纯的制造业集聚为集成制造与服务功能的产业链集聚。以组织创新、体制创新和技术创新为切入点，不断加快生产性服务业创新进程，着力优化、提升关联性内资服务业的配套能力，强化外资企业与本地经济之间的产业关联性。建立信息共享平台，健全中介体系，推动相关企业间合作，实现社会化服务与制造环节的"无缝式对接"。

**（六）优化产业布局，推进生产性服务业的集聚式发展**

相比消费性服务业，生产性服务业的产出作为中间投入直接进入生产过程，具有更为显著的产业集聚效应。为此，应充分考虑城市建设、交通、居住、环境以及社会经济发展趋势等因素，科学规划，合理布局，整体推进生产性服务业的集聚式发展。要借鉴开发区的经验，以功能区、集聚区建设为载体，依靠体制机制创新，实现园区化管理、专业化服务和社会化、市场化运作新机制。政府主要通过规划布局、政策引导和必要的财政支持等形式，利用市场机制，支持生产性服务业实现区域性集聚。尽快消除针对服务业的政策性歧视，对生产性服务业在用水、用电和用地上实行与制造业同等的政策，对生产性服务业集聚区应给予与工业开发区相同的政策扶持。

### （七）规范竞争秩序，营造适宜的外部环境

加快转变政府职能的步伐，按照政企分开、政会分开的原则，在机构、人员和财务等方面推进中介性服务组织与政府部门脱钩，理顺政府部门同这些服务组织的关系。按照市场原则，鼓励规模大、信誉高、服务质量好的企业，以资产、资源、品牌和市场为纽带实施跨地区、跨行业的兼并重组，促进服务业的集中化、大型化、组织化。支持服务企业在具备条件的情况下，同时取得多种资质，拓宽业务范围，开展多项服务。加强知识产权保护，坚决查处价格垄断、倾销和欺诈等不正当竞争行为，构造公平、充分、有效的竞争环境。完善行规行约，建立针对不同行业的资格标准、职业道德准则、后续教育制度和质量监管制度。发展行业自律组织，赋予行业协会相应职能，建立针对不正当竞争的惩罚机制，以及对恶性、过度、无序竞争的集群治理机制。

### （八）加强区域协调，优化区域分工格局

积极推进区域规划和区域政策的制定与实施，并纳入国家宏观调控体系，以加强对区域发展的协调和指导。健全市场机

制，进一步发挥市场机制在区域协调中的重要作用。打破条块分割，消除区域性壁垒，根除地方保护主义，鼓励各种生产要素和商品合理有序流动，推动区域经济合作和区域一体化进程。积极探索区域发展的利益调整机制，对区域协调中可能发生的地方利益流失尝试引入补偿机制。依据资源禀赋和比较优势，明确不同城市的功能定位。超大和特大城市要突出在金融、物流、商务服务、信息服务、教育培训等行业上集聚要素和向外辐射的核心能级。大城市作为区域性、综合性现代服务业中心，要承担传递超特大城市辐射效应的区域性"增压"功能。中小城市要利用产业垂直分工和产业链的延伸性，承接大都市产业扩散效应带来的发展机遇，形成城市间"融合配套、错位分工、优势互补"的发展格局。

### 参考文献

［1］Abraham Katharine G. and Taylor Susan K., Firms＇Use of Outside Contractors: Theory and Evidence, Journal of Labor Economics, 1996, 14（3）（July）: 394-424.

［2］Bathla S., Inter-Sectoral Growth Linkages in India: Implications for Policy and Liberalized Reforms, Institute of Economic Growth Discussion Papers, No.77, Institute of Economic Growth, Delhi, India, 2007.

［3］Coffey W. J. and M. Polese, Trade and Location of Producer Services: A Canadian Perspective, Environment and Planning, 1987, 19（5）: 597-611.

［4］Coffey W. J., R. Drolet and Polese M., Make or Buy? Internalization and Externalization of Producer Servicer Inputs in the Motreal Metropolitan Area, North American Meetings of the Regional Science Association, Niagara Falls, Comada, 1994.

［5］Cohen S. and J. Zysman, Manufacturing Matters: The Myth of the Postindustrial Economy, Basic Books, New York, 1987.

［6］Eswarran M. and A. Kotwal, The Role of Service Section in the Process of Industrialization on Manucrio, University of British Columbia, 2001.

［7］Glasmeier A. and M. Howland, Service-Led Rural Development: Definitions, Theories and Empirical Evidence, International Regional Science Review, 1994 (16): 197-229.

［8］Hansen Niles, Do Producer Services Induce Regional Economic Development? Journal of Regional Science, 1990, 30 (4): 456-476.

［9］Johansen S., Likelihood-Based Inference in Cointegrated Vector Autoregressive Models, Oxford University Press, 1998.

［10］Lundvall B. and S. Borras, The Globalizing Learning Economy: Implications for Innovation Policy, TSER Programmer Report, Commission of the European Union, 1998 (1): 1-162.

［11］Markusen James R., Trade in Producer Services and in Other Specialized Intermediate Inputs, American Economic Review, 1989 (3): 85-95.

［12］O'Farrell P. N. and D. M. Hitchens, Producer Services and Regional Development: A Review of Some Major Conceptual and Research Issues, Environment and Planning, 1990, 22 (1): 141-154.

［13］Park S. H. and K. S. Chan, A Cross-country Input-output Analysis of Intersectoral Relationships between Manufacturing and Services and their Employment Implications, World Development, 1989, 17 (2): 199-212.

［14］Riddle, Dorothy, Service-Led Growth: The Role of the Service Sector in World Development, Praeger, New York, 1986.

［15］Shugan M. Steven, Explanations for the Growth of Services, in

Service Quality：New Directions in Theory and Practice，ed. Roland T. Rust and Richard L. Oliver，Thousand Oaks，London，Sage Publications，1994：72-94.

［16］Shelp R.，The Role of Service Technology in Development，in Service Industries and Economic Developement-Case Studies in Technology Transfer，Praeger，New York，1984：21-28.

［17］陈宪、黄建锋：《分工、互动与融合：服务业与制造业关系演进的实证研究》，《中国软科学》，2004 年第 10 期。

［18］高传胜、刘志彪：《生产者服务与长三角制造业集聚和发展——理论实证与潜力分析》，《上海经济研究》，2005 年第 8 期。

［19］［加］格鲁伯·沃克：《服务业的增长：原因和影响》，陈彪如译，上海三联书店 1993 年版。

［20］顾乃华、毕斗斗、任旺兵：《中国转型期生产性服务业发展与制造业竞争力关系研究——基于面板数据的实证分析》，《中国工业经济》，2006 年第 9 期。

［21］郭倩倩：《产业结构转型中的江苏省服务业与制造业协调发展研究》，2010 年版。

［22］胡国良：《国外现代服务业与先进制造业融合发展的现状、模式和趋势》，《新华日报》，2009 年 3 月 10 日。

［23］江小涓：《大国双引擎增长模式——中国经济增长中的内需和外需》，《管理世界》，2010 年第 6 期，第 1-7 期。

［24］江小涓、李辉：《服务业与中国经济：相关性和加快增长的潜力》，《经济研究》，2004 年第 1 期。

［25］李江帆：《国外生产性服务业研究述评》，《外国经济与管理》，2004 年第 11 期。

［26］刘培林、宋湛：《经济普查揭示的"秘密"：服务业是一个"昂贵"的产业》，林毅夫发展论坛讨论稿，2006 年。

［27］刘晓菲：《上海市生产性服务业和制造业互动关联分析》，

上海交通大学硕士学位论文，2009 年。

[28] 刘勇：《论服务业与制造业的协同发展》，《学习与探索》，2007 年第 6 期。

[29] 刘志彪：《论现代生产者服务业发展的基本规律》，《中国经济问题》，2006 年第 1 期。

[30] 刘重、冯培英：《"双轮驱动"生产性服务业与制造业的协调发展》，《经济界》，2006 年第 4 期。

[31] 柳旭波：《产业融合对产业结构理论的新发展》，《长白学刊》，2006 年第 2 期。

[32] 吕政、刘勇、王钦：《中国生产性服务业的战略选择》，《中国工业经济》，2006 年第 8 期。

[33] ［美］迈克尔·波特：《竞争战略：分析产业和竞争者的技巧》，陈小悦译，华夏出版社 1998 年版。

[34] 聂清：《生产者服务业与制造业关联效益研究》，《国际商务研究》，2006 年第 1 期。

[35] 孙永波、王道平：《产业融合及如何促进我国产业融合的发展》，《北京工商大学学报》(社会科学版)，2009 年第 1 期。

[36] 王贵全：《论生产性服务对贸易格局的影响》，《亚太经济》，2002 年第 2 期。

[37] 薛立敏：《生产性服务业与制造业互动关系之研究》，中国台湾中华经济研究院 1993 年版。

[38] 张世贤：《工业投资效率与产业结构变动的实证研究——兼与郭克莎博士商榷》，《管理世界》，2000 年第 5 期。

[39] 郑吉昌、夏晴：《现代服务业与制造业竞争力关系研究——以浙江先进制造业基地建设为例》，《财贸经济》，2004 年第 9 期。

# 第六章　家电工业转型发展研究

我国家电产业持续 30 多年的高速增长时期已经过去。一是欧美市场还处于恢复期，需求不足，竞争对手增多，环保壁垒提高；二是内需市场增速放缓，供给增加（国内各类家电项目重复建设、扎堆上马、产能严重过剩），变化速度加快；三是生产要素成本快速提升、政府各项刺激政策逐步退出。总体形势十分严峻（家电企业沿用了多年的低成本、大规模标准化产品生产体制赖以存在的内外部环境条件均发生了根本性的改变）。考虑到国际市场可能长达十年、国内市场可能长达三年的调整周期，家电企业的结构转型、升级就成为摆在我们面前的紧迫课题。

## 一、转型升级的必要性

### （一）海外市场需求持续下滑

国际市场环境和治理结构更趋复杂。欧美国家市场需求持续下滑，各种形式的贸易保护主义明显抬头，对我国家电产品出口的低价扩张模式、中低端技术能力等都提出严峻挑战。

## （二）内需饱和

改革开放以来，我国城镇居民生活消费结构发生了巨大变化（1989 年以前属于供给式消费向温饱型消费过渡，1989 年以后则是由温饱型消费向小康型消费过渡）。根据国家统计局数据，一是食品消费质量提高、品种丰富，恩格尔系数逐年下降；二是衣着消费比重略有下降，时装化、名牌化、个性化倾向更加明显，成衣化倾向成为主流；三是耐用品消费增长逐年减缓，主要耐用消费品逐步饱和。

家电为典型的耐用消费品，现阶段，不论城市还是农村，需求均已饱和，再加上经济调整期间居民消费支出的挤出效应，需求饱和就更为明显。

但更为严重的是，家电下乡、以旧换新等一系列扶植政策带来的短期利好，促使家电企业进行大规模投资，众多生产线扎堆上马。

在需求饱和、增长逐年减缓的情况下，产能仍然在增加，产能和供给过剩越来越严重。

## （三）处于全球产业链中低端，大而不强

现阶段我国家电制造业主要集中在低附加值的非核心部件加工制造和劳动密集型装配环节，在全球产业链上处于中低端、扮演着"世界加工制造中心"的角色，特别是在产业规模多年来全球第一的背景下，品牌仍面临着少有人知晓的尴尬处境。家电业"大而不强"的问题十分突出：

一是生产方式粗放。长期以来，我国家电制造业过于依赖物质资源投入，依靠土地、劳动力低成本优势，资源能源消耗过多，环境污染严重，劳动者报酬占产值的比重每况愈下。中

小家电企业大多以代工为主。

二是科技创新能力不强。在自主创新方面投入不足，核心技术和关键技术无法实现大范围突破；产品同质化现象突出，附加值低，高端产品竞争力弱；很多产品的节能和资源综合利用水平不高。

三是缺乏自主、知名品牌。我国90%左右的出口商品属于代工生产或者贴牌生产。承担繁杂的制造任务，但利润却很低（大多数利润被品牌商拿走），一台洗衣机甚至只赚10元钱。产品增加值只相当于日本的4.37%、美国的4.38%、德国的5.56%。

在全球气候变暖、资源逐渐稀缺、欧美市场环保壁垒提高的背景下，我国家电产业发展面临越来越严峻的挑战。

**（四）要素成本上升**

经济通胀导致原材料价格高涨、劳动力价格及管理费用上升、银行信贷收缩。这些因素对国内家电企业产生的负面影响逐步显现：

一是劳动力匮乏，劳动成本上升。随着国家对农村的政策扶持，原本1700~1800元月薪就能招聘来的农民工，现在2000元都很少有人应聘。一些能够操作特种机械的工人，月薪更高到3000元以上（不考虑劳动力匮乏因素，《劳动合同法》实施以后，人力成本也大约提高了12%，算入总成本之后约增加1%）。

二是原材料成本上升。家电产品成本约80%为原材料成本。目前原材料价格持续上升，近两年来，钢铁、铜、能源、塑料等家电主要原材料价格经历了多次价格上调（长期更是看涨），约使总成本提高了2%。冰箱、空调、洗衣机等原材料成本比重较大的家电产品深受影响。

三是人民币升值、盈利率下降、融资压力增大。家电制造对资金的占用非常大，人民币升值，带来的直接结果是资金匮乏、融资压力增大。尤其是出口比重比较大的小家电企业（盈利主要靠退税和汇率），而目前，出口退税率早已由过去的17%下降到了13%（仅这一项，约让出口成本提高了0.5%，而且出口退税率还可能再降）；人民币汇率一直在上升（单这一项，约让出口成本足足提高了一成，而且还可能再升）。加之物流成本提高等其他因素的影响，使出口成本大幅提高、企业贷款更加困难。

要素成本不断上升和较快提高，我国家电业低成本的传统比较优势受到较大的削弱。

### （五）消费结构升级、需求高度细分

我国近年来以改善住、行条件为代表的新一轮消费结构升级开始启动，城镇居民消费结构发生了较大的变化：吃、穿、用三项支出虽然仍是主要支出，但比例大幅下降；文化娱乐、交通与通信、居住三项的比例大幅提高；特别是文化和娱乐支出超过衣着支出成为第二大支出。这都初步说明城镇消费从小康向富裕过渡，居民越来越偏重文娱、环境、健康等提高生活质量因素的消费。

同时，"80后"、"90后"年轻一族成为国内市场的主流消费人群，在家电消费上也是这样。追求时尚，彰显个性，是"80后"、"90后"的一个主要消费特点。"80后"、"90后"所成长的时代，是一个急剧变革的时代，这个时代有经济社会的发展，有文化娱乐的繁荣，有通信网络的爆炸，有思想观念的跳跃，时代特征决定了这个群体的普世价值。中华传

统文化的传承，西方自由思想的冲击，信仰的多元化，个性的多向化，决定了"80后"、"90后"消费理念的差异化、审美角度的个性化。因此，他们已不能仅仅满足于使用功能的需求，更倾向于自己的主张和体验，包括外形差异、色彩差异、诉求差异或是其他匪夷所思的东西。

如今，"80后"已进入了适婚年龄，尽管全国各地房价依旧处于不升不降的境地，但是对于"80后"来说，买房已经成了刚性需求，进而对于家电市场也起到了推动的作用。目前，设计独特、外形时尚、色彩亮丽已经成为年轻一族购买家电时所考虑的重要元素。

总之，互联网时代，消费需求进入了个性化时代，大众化的市场被打碎，需求高度细分，以至于成了一个个的个性化需求"碎片"，难以统一化合并、组合。消费结构升级、需求高度分化，与家电企业沿用多年的大规模标准化生产体制形成了鲜明的反差。

### （六）结构性、阶段性产能过剩

目前低端产能过剩顽疾仍未得到有效缓解，供求矛盾仍然突出：一是总量供给过剩；二是结构性供给不足，中低端产品多，高质量、高附加值产品少，产品同质化现象严重（引发企业间持久的价格战及绩效的恶性循环）。

### （七）效益下降，企业经营困难加大

在企业生产要素成本不断增加，资源环境、能源约束全面增强、需求饱和、供过于求的情况下，企业间恶性、持久的价格竞争，导致企业利润空间被大大压缩。家电行业利润增幅逐年下降，已由2011年的32.5%下降到2014年的4.24%。基本与银行同期贷款利率相当，远低于企业实际贷款利率，不仅造

成效益差（不少行业和企业陷入低、微利困境），更使贷款难、贷款贵的问题更加突出。

## 二、转型升级的四个方向

### （一）高端化、智能化

近年来，随着城乡居民收入水平的提高，尤其是追求时尚，彰显个性的"80后"群体已成为家电产品的主流消费人群，虽然售价是人们购买家电的一个重要影响因素，但越来越多的用户不再追求低价，而是选择了功能、性能、体验更有品质的高端家电；同时，在家电政策陆续退出之际，在原材料、人工等经营成本持续增加，汇率波动、物流成本上升，行业竞争更加激烈的情况下，传统家电产品毛利率不断下降、利润微薄，家电企业经营压力越来越大。在此背景下，产品升级（向高端化、智能化转型）成为必然。

美的在2011年年中明确做出战略转型的重大决策，提出"从注重增长数量转为注重提高质量、从低附加值向高附加值转型、从粗放式管理向精益管理转型"的工作路径，以产品力和经营效率为支撑，实现内涵式增长。美的集团国内市场部总监王金亮表示，美的集团近年来着力提升品牌影响力，并不断调整产品结构，提升产品力，使产品更加高端化、节能化和智能化。随着消费者对生活品质的需求越来越高，冰箱厂商也在不遗余力地推广其高端产品。一些可以自由换门的冰箱作为个性和时尚的代表，也成为了许多白领的首选。目前，国内一线品牌已经在冰箱高端市场快速崛起，形成了与外资品牌分庭抗礼的局面。伴随着云计算、物联网、智能家居等新兴技术概念的普及，越来越多的概念型智能化空调产品开始逐步问世。有些智能化空调可以通过远程控制为室内提前降温；有些则可以通过对用户的体温感应在睡觉时自动调节气温；有些产品通过搭载智能语音交互技术成为"会说话"的空调；有些空调更是实现了对温度、湿度、风力、空气质量和一氧化碳浓度等空气要素的全方位智能化管控。冰箱行业面临着产能过剩和销售下滑的双重打击。为此，冰箱厂商迫切需要通过推出高端化的产品进行产业结构调整和升级，实现从规模向效益的转变。随着消费者对生活品质的需求越来越高，高端冰箱产品作为高品质生活的象征也获得了更大的发展空间。为了迎合消费者的需求，厂商也在不遗余力地推广其高端产品。从产品类型来看，三开门、对开门和多开门冰箱正在成为市场的宠儿。此外，为了满足家庭聚会的需要，大容量的冰箱以其独特的使用体验获得了更多消费者的青睐。在洗衣机市场上，大容量的滚筒洗衣机已经成为市场的主流。大容量（但体积却没有变得更加臃肿）特征可以很好地应对大件衣物的洗涤要求，用更少的洗涤次数完成更多的洗衣任务，这为用户的日常使用提供了便利。除此之外，杀菌消毒、全自动以及更为美观的外形设计都成为了高端化洗衣机的固有属性。

**（二）定制化**

随着"80后"、"90后"成为消费主体，以及移动互联网对整个社会产生的深远影响，使消费需求变得空前的个性化、细分化和隐形化。同时，现实生活中，家电的不少功能几乎用不到，消费者经常为追求自己喜欢的外观或某一个特殊功能，却要为其他不必要的功能买单。定制家电市场也由此产生。此外，供给侧改革政策的出台又进一步加强了家电企业转型的决心，并且吸引更多家电企业加入到转型浪潮中来，为家电业带来改造生产线、大数据、定制化的契机。

早在 2011 年初，海尔就已涉水家电定制，近期海尔全球洗衣机定制化互联工厂建成，将可以根据客户需求定制洗衣机。美的、奥克斯、格兰仕、LG 等多个企业，也有联合电商推出自己的家电定制品牌。从现有定制产品来看，个性化面板花色、智能化成为主要定制方向。在产品品类方面，以电饭煲、空气净化器等为主的小家电定制需求较多，而传统的白色家电由于单品价格较高，大多数消费者仍倾向于前往实体店亲自体验功能，定制需求仍主要集中于刚性需求，例如不少消费者希望空调能有空气质量监测和去甲醛等功能。

家电定制的另一个模式则是家电众筹，京东、国美、苏宁等电商平台，目前都与家电厂商推出"包销定制"营销模式。近期，在由工信部运行监测协调局指导、中国电子报社承办的第五届中国家电网购高峰论坛上，京东集团家电事业部运营管理部总经理江建认为，家电不是快消品，用户黏性比较差，对于品牌忠诚度相对也较差。厂商如果做 C2B 推广，还需花较高费用引流量，不如与大平台合作。

在产品设计和生产制造方面，消费者越来越从原先的被动接受产品的角色变成了现在产品创新的推动者，企业乃至商家在产品 C2B 定制化这条道路上进行了更多尝试。

（三）信息化管理平台

面对产品同质化、利润率不断下降以及消费者需求日益苛刻等难题，我国家电制造企业"重生产、轻服务"的模式将难以为继。从纯粹的产品生产向服务业务模式转型，企业才能更好地体现差异化竞争，创造利润并锁定顾客，在新一轮的竞争中脱颖而出。制造业向服务业转型的切入点和手段恰恰是信息化。

近两年来，各家电企业从组织架构调整、信息化平台搭建、大数据建设等方面进行尝试，加快了企业管理向互联网转型的步伐。

长虹企业信息化之 PLM 管理平台在长虹多媒体、网络、美菱、虹欧等主要业务单元得到推广，实现文档管理、零部件管理、BOM 管理、流程变更等功能，采用中英韩多语言、异地分布式部署。在长虹集团的零部件主数据上，PDM 集中创建管理，保证 PDM 为唯一数据源头；在物料代码上，申请审批流程严格控制，重码率降低，零部件种类及数量减少（从35800 到 13000），提高重用率，降低产品设计成本；在集成上，实现产品数据从 PDM 中生成源头到 ERP 的集成，确保数据一致性、准确性，PDM 与 SAP 系统之间实现了产品数据的同步，提高了工作效率及工作质量。

海尔集团从 2000 年左右开始实施并应用 PLM 系统，截至2006 年，海尔 PLM 系统主要以产品事业部为系统实施及应用推广主体，主要功能实现零部件及 BOM 管理。从 2007 年，海尔在过去以事业部实施应用的模式转变为以企业级整体规划与实施；由过去单纯的 PLM 应用扩充为 PLM 应用范围，此阶段主要以产品模块化开发项目为契机，以 PLM 项目实施为 IT 驱动，至今，建立了集团级零部件库，实现了 CAD 集成应用，扩大了项目管理及流程控制等功能应用范围，累计投资规模近1 亿元。

美的集团 PLM 项目实施以产业子公司为主体，在不同的产业子公司相对独立规划 PLM 项目的实施及推广计划，在 2009 年以前，分别在小家电集团、制冷集团分别建立了 PLM 系统，实现以零部件、BOM 为主线的产品数据管理，2009 年末，集团重新以集团为主体规划 PLM 系统建设，并提出以三星电子为 PLM 建设标杆，2010 年投资 1500 万元。

### （四）产业链变革

家电企业如火如荼的高端化、智能化发展背后，是整个产业正在发生着的深刻变革。

近几年来，家电制造商与零部件供应商的分工、合作关系得以显著的改进。

一方面，制造商迫于竞争压力和长远利益，重新考虑和调整了自己与供应商的分工、合作关系。具体包括：

一是从供应商的区域布局上，重新调整了供应商的结构。尽量实现就近采购与供货，确保订单交付的速度、质量与成本，考虑与供应商实现双赢，做好 SRM 管理，让供应商参与产品的前端设计，实现优势资源的整合，降低各种不必要的额外成本。

二是重新考虑并调整了自己与供应商的合作关系。开始提出"让所有供应商都赚钱，不让一个供应商掉队，不让一个供应商亏损"的总的关系原则。制造商压低采购、挤占商品回款等行为已得到大的改观。

另一方面，零配件配套企业经过多年来的积累和发展以及市场竞争的优胜劣汰，已形成了强大的产业集聚优势，具有很强的制造能力和成本优势，这种集聚优势的形成，反过来促进、巩固和强化了与制造商的分工、合作关系。

我国目前形成了珠三角、长三角和环渤海经济圈三个家电制造集群，这三个产业集群汇聚了大量的制造加工企业和零配件配套企业，形成了强大的产业集群优势，特别是广东的空调器、电饭锅、微波炉、电风扇、西式厨房小家电，长江三角洲的空调器、饮水机、电暖气、洗衣机、电熨斗和吸尘器在全世界范围都占据重要地位。此外，四川绵阳等地也是家电较为集中的地区，但在规模上还不能与上述地区相提并论。特别是一北一南的两个家电制造中心，即广东的顺德和山东的青岛，未来几年集群优势将更加明显。

广东顺德拥有美的、格力、万家乐、格兰仕等著名家电品牌，冰箱、空调、微波炉、电饭煲、电风扇、电子消毒柜、热水器等家电产品产销量一直居全国领先地位，顺德家电产值占了全国同行业的 10%以上，是名副其实的全国最大的家用电器生产基地。

顺德家电名牌企业的辉煌也造就了家电配件业的兴旺以及方便快捷的物流系统。顺德在空调压缩机、电机等电器部件以及家电塑料、家电五金、电线器材、电路板组件、电子元件、模具制造和包装等方面已形成了较强的配套能力。

与顺德的家电企业相比，青岛家电企业在全国以及全球很多国家都拥有自己的生产基地，在"销地产"战略上有了相当成功的经验。在海外扩张上，青岛家电企业海外自有品牌产品的销售要超过顺德，顺德家电产品的海外业务仍然停留在OEM 阶段，在海外品牌家电市场上青岛制造在某种程度上相当于中国制造。

青岛家电制造中心包括青岛海尔集团、海信集团、澳柯玛集团等企业。位于青岛经济技术开发区的前湾港路，在不大的范围内，青岛海尔工业园、海信集团工业园、澳柯玛工业园一字排开。澳柯玛集团总部就设在这里，它的工业园区是全球最大的无氟电冰柜生产基地。海尔工业园是海尔全球第三个工业园区，目前，工业园区的商用空调、特种冰箱、洗碗机和机器人等项目均已投产。海信信息产业园主要生产高清晰度电视、手机等产品，工业园全部建成投产后，产值将占集团全部产值的一半以上。青岛开发区内的外资信息家电企业，也逐渐加大了投资力度，生产计算机零部件的三美电机公司总投资超过了1亿美元，日本的松下电子、韩国南涯电子的电子元器件也挣得了越来越多的市场份额。

总之，顺德和青岛，这种区域性内部配套的产业集聚，作为一种新型产业组织形式，既避免了"一体化"和大集团所导致的管理成本和代理成本过高的问题，又避免了远距离交易所导致的交易成本和物流成本过高的问题。

在产业集群内，制造（装配）商面对的是就近的、众多的原材料供应商、设备供应商，能以更低的成本、更高的要求、更快的速度购买各种投入品，包括各种社会服务和各种人力资源。这种就近、择优选购，是一种竞争性的配套关系。它既有垂直整合（内配）的效率，又有更广泛的自主选择性。通过与区域性集聚的众多独立公司的深度分工和协作，环环相扣，使区域经济集结形成一个庞大的"产业集团"。这个产业集团既形成总体规模的竞争优势，又形成了高度分工、专业化技术"冠军"基础上的差异化竞争优势。近两年来，随着原材料价格持续上升、人民币升值、跨国企业的环保专利贸易壁垒和宏观调控等所带来的压力，迫使家电企业与残酷的价格竞争渐行渐远。价格已经不再成为第一竞争焦点，企业回归技术升级、利润主导。受此影响，消费者购物导向的重要指标，已由价格转向为品牌、品质和时尚的外观造型等消费升级因素。这对制造商的销售、服务成本的降低，进而整个产业盈利能力的提升均带来了积极的影响。

## 三、转型升级的三种模式

### （一）格力电器

格力电器组建于 1991 年，从一个后进者（原本严重亏损的小企业）晋升到行业龙头，成为中国目前生产规模最大、技术实力雄厚的专业化空调企业，拥有广东珠海、江苏丹阳、重庆以及巴西四大生产基地，产能已扩展至 1000 万台（套）。

1. 成长路径：专业化经营

格力电器成长路径的最大特点是集中人力、物力专业化经营（空调单一品种）。在实力弱小的阶段，一方面，在技术开发上，聚焦于上线（生产线）产品的末端局部开发（一切以市场需求为导向，同时又根据未来发展潮流进行产品的创新）；另一方面，在市场开发上，采取"农村包围城市"的渗透策略，集中开发著名企业影响较弱的地区，同时，侧重专卖店重点经营。在行业需求高速增长的背景下，持续多年取得市场开发和产品开发两方面良性反馈、双向驱动。至 20 世纪 90 年代中期，已获得二线品牌的市场地位。此后，专业化经营的优势更进一步显现出来，产品开发由局部转向全面，形成较完整的系列；市场开发则逐步向国内影响较大的城市如北京、上海、广州、南京等地发展，并进入海外市场。

## 2. 转型升级模式

格力电器的转型升级模式也最有特点：就是立足于管理能力提升基础上，较专注于技术因素。主要依靠技术创新和新产品开发驱动市场份额的增长。

为了培育"技术创新抢占制高点"的核心能力，格力电器每年拿出几千万元乃至上亿元，投入到新产品的研制开发上，在空调产品的研发水平上始终处于行业领先地位。累计拥有专利8000多项，其中发明专利2000多项。每年向市场推出众多极具竞争力的新产品，至今已开发出包括家用空调、家庭中央空调和商用中央空调在内的20大类、100多个系列、3000多个品种规格的产品。

此外，一是在核心零部件均能自主生产的情况下，进一步提高上游配套能力，建设了钣金、注塑、模具等配套工程，基本完成了产业链纵向一体化的布局。二是向下游发展，提高对产业链核心环节——市场和营销的掌控，建立厂商（以经销商大户为中心）之间的营销联盟，形成利益共同体。

### （二）美的电器

一家百分之百的民营企业，没有借助任何体制优势，完全依靠在残酷的市场竞争中拼搏冲杀达到了千亿元的营业收入。

1990年美的销售收入才刚刚突破1亿元，到2000年就达到了100亿元，又一个10年后，销售收入超过千亿元，10年间增长了10倍。最近五年销售规模持续实现30%以上的增长。成为国内继海尔之后第二个年销售收入突破千亿元大关的家电企业。

### 1. 成长路径：相关多元化

美的电器的成长路径也很有特点，就是相关多元化。美的电器从小家电（电扇）起步，2002 年才刚刚进入"大白电"（冰箱、洗衣机、空调）。但仅仅过了两年，美的空调（包括中央空调）、洗衣机晋升为行业第一，美的冰箱也跃居行业第二。

美的是如何做到的？ 其战略内含及具体策略很多，主要是：依据小家电产品（后来包括"大白电"产品）战略上的优势（大规模产销体制、较高的市场占有规模、快速增长的市场需求以及"大白电"生产和销售上相近的物理特性及较高的盈利水平），不怕亏损（甚至一两年时间），采取大幅降价、持久战手段，向竞争对手重拳出击，拖垮或削弱专业经营对手（专业经营的软肋：战略和盈利率上没有多少回旋空间）后，再高调、大规模推出升级化新产品，由此一举反"客"为主，屡屡得手（当然，还包括收购重组）。

2. 转型升级模式

美的电器的转型升级模式与其经营战略和策略一样，也有鲜明的特点：在依次取得单一大类产品和相关多个产品上的战略突破（包括横向一体化扩张）后，进行全程产业链的重新布局和调整。主要是：从以企业为中心到以用户为中心转变，从产品制造向制造+服务转变（按国际一流企业标准，建设信息化企业——包括更富有弹性和伸缩能力的组织结构、风险控制机制），全面实现转型升级。再结合整体规模和实力，构建竞争壁垒。

### （三）海尔集团

海尔集团是在 1984 年引进德国利勃海尔电冰箱生产技术成立的青岛电冰箱总厂基础上发展起来的国家特大型企业。经过短短十多年的时间，海尔集团从一个亏空 47 万元的集体小厂迅速成长为拥有白色家电、黑色家电和彩色家电的中国家电第一品牌。

1. 成长路径：“平台”战略

海尔集团的成长路径与格力和美的又有显著的不同。同样地，海尔战略内含及具体策略也很多，但主要是：自 1984 年海尔集团的前身青岛电冰箱总厂成立至 1991 年的七年时间里，坚持技术质量上的高起点，强化全员质量意识和产品质量意识，坚持技术进步，通过狠抓产品质量，创立了海尔冰箱名牌并形成了一整套精细化管理“软件”。

然后，在快速增长的市场需求背景下，依据领先国内同行一步或半步的精细化管理“软件”，四面出击兼并、盘活同类家电生产线（当时全国同时引进较多），然后，再向横向、纵向“平台”型一体化迅速扩张，快速做大及实行大规模国际化。

2. 转型升级模式

海尔集团的转型升级模式与其“平台”型战略（全程产业链、全系列产品）紧密相关，也是“平台”型的，主要包括三大部分：

（1）强大的柔性制造能力。海尔集团的转型升级较早，其模式特色之一就是建立了强大的柔性制造能力。所谓柔性制造能力，其核心就是最大程度地实现零部件标准化、模块化。就像搭积木一样造家电。将家电产品拆分为标准化的组件，这些组件就是模块，然后，用模块组合出需要的各种产品。零部件标准化、模块化，一是意味着单个零部件通用性增强，因而需求和生产量就会变大，这样，在规模效应下，生产单个零部件的效率就会相应提高，同时，又便于零部件生产工艺和材料等各个方面的改进，促使成本下降。二是意味着生产线的标准化和模块化。生产设备的标准化和模块化，使生产速度加快，设备的投入成本降低，生产的质量和效率以及对市场需求的及时响应能力得到提高。近年来，海尔集团在模块化上取得了长足的进步、积累了丰富的经验，形成了平台式强大的柔性制造能力。

（2）准确及时把握市场需求的能力。在生产能力过剩、需求短缺的背景下，转型就是改"以企业为主"到"以用户为主"。但是，互联网时代，不仅需求短缺，而且需求变化快，又非常"零碎"。要满足这些变化快，又非常"零碎"的需求，一般性的"扁平化"企业组织架构是难以达成目的的。

海尔集团的转型升级模式特色之二就是建立、实行了"人单合一模式"。将集团8万多员工裂变为2000多个自主经营体，每个员工及经营体都围绕用户需求进行自运转、自创新、自驱动。最大程度地实现了准确及时把握市场需求。

（3）全面领先竞争对手的技术能力。海尔集团的转型升级模式特色之三就是建立了全面领先竞争对手的技术能力。这种能力除来自海尔集团强大的R&D投入（占营业收入的4%）以及创新精神外，还来自全球布局、资源整合的信息和技术研发平台。海尔在中、亚、欧、美、澳等发达地区建立了五大研发中心（在首尔、东京、里昂、洛杉矶、蒙特利尔、阿姆斯特丹、硅谷、悉尼、中国台湾、中国香港等建立了10个外部信息中心），能够快速准确地在全球范围里找到消费需求，并针对性地研发出满足不同人群需求的产品。同时，这些研发中心也为海尔在全球范围内获得最高水平的智力支持提供了支撑。

## 四、家电工业转型升级存在的问题

伴随着家电行业竞争的白热化，经营利润持续走低。由此拉开了诸多家电企业实施战略转型的大幕，从价格战转向价值战，打造高端形象，提高产品售价。然而在企业转型工作深入推进的同时，存在其中的问题也日益凸显。

### （一）"高端智能化转型"效果不佳

注重对产品本身升级和创新的企业大多具备雄厚的资本和尖端的技术，对产品的不断升级，可以让它们在市场上获得先机，进而提升产品和品牌的竞争力。诸如三星，在提升洗衣机的洗涤技术和洗涤效率上，三星创造性地提出"泡泡净"、"泡泡顽渍浸"技术以及"超快洗"功能，利用技术的创新，提升了洗涤效率，缩短了洗涤时间，使产品更具竞争力。在完善冰箱的制冷技术和降低箱体内温差浮动上，三星推出了全新的"3-2-1"制冷方案和精控保鲜技术，大幅提升冰箱的制冷效率和保鲜能力。对技术的极致追求和对产品品质的不断升级是这一类型的企业赢得未来市场的有力武器。

我国家电行业已经完成产品由低端向中端的转换，有的企业甚至已经形成自己的风格体系。然而，在高端产品领域，我国家电企业的技术积累、长线技术投入以及综合实力仍落后于博世、三星、西门子等业内国际巨头。我们这种跟随型企业，虽有足够的时间追赶世界先进技术，并在一定时期内达到与国际先进水平基本相当的水平。但是，没有重大原创技术的企业不可能引领技术更新换代，虽然可以做大，但不可能真正成为行业的领跑者。从产品竞争力来看，我国的高端品牌仍只能在国内市场打天下，无法"走出去"。

智能化转型方面，一是国内大多数家电企业目前仍然集中在智能单品和智能家居平台的构筑上面；二是无论是智能单品，还是智能家居平台和系统，到目前为止，真正被消费者接受和使用的少之又少。比如物联网空调、洗衣机，可以通过远程控制参数设置、使用习惯用户定制、智能诊断等智能功能，比如拿着手机看电视节目等智能功能。不少消费者表示，这些操作并不能让自己有尝试实用的冲动，也没有带来真正的便利，而且设置、操作相比过去简单的按钮反而更复杂，图省事的人干脆不用。

**（二）私人定制尚处于起步阶段**

家电私人定制如今逐渐成为市民个性化消费的新方式，也成为家电企业市场营销的新手段。目前，家电生产企业大多是采用固定的流水线进行成批量生产；私人定制所要求的是为某一个性化产品单独开设一条生产线，这对于投资、人员分配、售后及成本控制而言都将面临严苛考验。从目前来看，由于各种原因，一些家电企业推出私人定制：一是只着眼于外表，比如尺寸、材质、颜色等方面，而对于内部结构的个性化定制客户满意度不高；二是一些企业私人定制家电产品缺乏相应的多套菜单提供选择，客户感到"面窄"；三是一些私人定制家电产品定价太高，售后服务更是让人担心（售后服务作为家电产业在互联网时代变革转型的最后一环，却是至今以来一直没有发生过重大变革与创新的领域）。

**（三）零供矛盾突出**

大型连锁零售商正日益显示出家电产销链的龙头作用和地

位。由于零售商最接近消费者、最快接受消费者的信息反馈，也最直接受益于消费驱动，在消费决定生产、应需而变的时代，零售商所处的产销地位注定了其必然扮演的角色——产销链的龙头作用和地位。

但是，较长时间以来，国内大部分零售商（凭借其市场终端地位）"店大欺客"，一是在供销合同中增加了很多霸王条款（向供应商收取包括进店费、上架费、条码费、堆头费、店庆费、促销费、活动费、销售折扣等在内的各种"进场费"）；二是较大规模的零售商大多采用代销方式（由供应商提供产品，并且由供货方派销售人员在其店内进行销售；销售不完的产品则退回供方，零售商不承担任何费用；售后服务也完全由供方承担；总之，零售商不承担费用和风险，完全由供货方承担）。零售商的这种霸王条款和代销方式不仅使各种费用追加到商品价格上（最终转嫁给消费者），而且大大增加了供货商的经营成本和风险。供应商怨声载道，零供关系恶化、矛盾突出。

### （四）经营理念与定位不够清晰

早在 1995 年，三星集团会长李健熙就提出：三星的竞争对手是中国家电企业。如果三星也定位于生产品质好又低廉的家电产品，那么三星做不过中国企业，因此三星必须走高端路线。

他的判断是基于国际分工的考虑。于是，三星开始二次创业，重新定位。如今，其年营业额大约为韩国国民生产总值的 1/4，公司的市值约占韩国上市公司总市值的 60%。在核心技术上，它可以和索尼签订合作协议，共享除核心技术外的所有技术专利权。三星成了巨人。十年前被三星称为"最大竞争对手"的中国家电业，却陷入了相对过剩的危机。

所以，今日我们在考虑战略转型模式的时候，应清晰总体经营理念与转型定位。

### （五）商业模式创新较单一

多年来我国家电业的商业模式较为简单，依靠"大规模制造、低成本运作"赚取制造环节的利润，让制造变成了企业赚钱的唯一工具。当前，如何推动企业从制造业向服务化转型，如何从单一的产品制造商向系统集成商扩张，如何从紧跟市场需求、更多地向刺激并开创市场新增需求跨越，是值得重视的问题。

### （六）服务支撑体系建设滞后

服务是个大系统，对企业综合能力提出了更高的要求：一是强大的物流体系；二是遍及全国乃至乡村的分销网络；三是售后服务体系的建设。这就给家电企业提出了一个紧迫、艰巨的管理转型命题。

### （七）家电企业仍无法担当科技创新主体地位

家电企业，尤其是上游配套企业，规模普遍较小，大多数中小企业资金有限，通常只够维持产品生产，很难挤出一部分从事研发投入。即使挤出了一部分，也因科研实力较弱，难以组织重大科研课题。甚至科研实力相对较强的轻工大型企业，即便组织、承担了一些重大科研课题，研究进展也往往较慢。

### （八）科研管理落后

家电企业对研发的管理较薄弱，基本上仍处于技术人员自发创造型和投资驱动型相结合的较原始模式（缺乏研发的科学程序、机制、方法和习惯，研发只看成研究与开发部门的职能，而与财务、采购和生产等部门的人员无关；研发的动力单一，主要来源于企业家）。研发投入不足和管理方式落后，致使轻工业关键技术难以实现本质突破。从而造成产品品种少、档次低、技术含量不高。

### （九）缺乏深入研究和开发的能力

一是我国大多数家电企业长期作为海外跨国公司的"生产车间"，主要从事产品的加工制造，虽然也积累了一些生产技术和经验，但离核心技术环节较远，对核心技术的了解和掌握较差。二是我国大量从事贴牌生产的家电企业规模较小，多为中小型企业，难以承担进一步研究和开发所需要的大量资金、人力和物力的投入。

### （十）低价、无序竞争，挫伤了企业自主创新的积极性

一是家电行业长期以来一直依靠价格取胜。产品供过于求、竞争激烈的状况，客观上降低了自主创新的实际价值。二是市场上侵犯知识产权的违法行为始终屡禁不止，中小企业维护自身形象和利益成本高昂。三是一些地方政府和部门为保护本地市场和企业，不惜利用行政、经济乃至技术手段，限制商品自由流通。这些情况均严重挫伤了部分家电企业自主创新的积极性。

## 五、新常态下家电工业转型发展的对策与思考

### （一）政府对企业的支持也要转型升级

当前，市场竞争的一个显著特点是，已经从产品竞争、企业竞争发展到全程产业链内协作企业集群的协同竞争，不仅需要有影响力的大型企业通过转型升级提升配套企业的竞争能力，更需要行业龙头企业引领产业链内协作企业集群协同创

新、攻坚克难。因此，政府对企业的扶持也要与时俱进、转型升级。应出台新的试点政策，支持由大型行业领军企业牵头建设包括科技银行、小额贷款公司、创投公司等在内的创新产业链金融平台。同时，应为中小企业的高新技术和原创性项目设立财政专项基金，作为中小型企业科技创新活动补贴。政府还应建立和规范中小企业信用担保体系，帮助鼓励中小企业积极参加信用保险和信用担保，降低其融资和交易成本。

### （二）建立自主创新的引导、补偿机制

针对家电企业创新动力不足问题，要采用综合性、强有力的财税政策，建立自主创新的引导、补偿机制，引导、促进企业自主投入，并对自主投入进行利益补偿，让其愿意创新并有利可图。可考虑设立行业专项技术研究与开发资金，适当安排子项资金用于对企业自主创新与应用开发项目的贴息；行业共性技术、关键性技术（在对家电产业链关键共性技术进行排查摸底的基础上，政府职能部门列出目前单个企业研发难以突破、对家电产业升级形成严重制约、获得突破后对产业升级有重大带动作用的关键共性技术清单）的开发与应用，还可允许按销售收入的一定比例提取子项资金，以弥补科技开发可能造成的损失。引导资金额度可以低些，项目设置多一些，投向也可分散一些；但补偿资金额度则可以高些，项目设置少一些，投向也可集中一些，以提高使用绩效。

### （三）建立自主创新的风险分担机制

针对企业风险承担能力不足问题，需要完善、创新风险分担机制，分担家电企业的技术创新风险，让企业敢于创新。可考虑在行业专项技术研究与开发资金中适当安排子项资金，用于对企业自主创新与应用开发项目的风险补贴。风险分担资金

额度可以低些，项目设置多一些，投向分散一些；也可以额度高些，项目设置少一些，投向集中一些。可视具体情况和使用绩效而定。

### （四）健全、创新自主创新的产学研合作机制

针对企业创新能力弱的问题，需要健全、创新产学研合作机制，以降低家电企业产学研合作成本，让企业自愿推进开放创新。可考虑在行业专项技术研究与开发资金中适当安排子项资金，用于对企业开发创新项目的补贴。合作补贴资金额度可以低些，项目设置多一些，投向也可分散一些。

### （五）加强工程技术研究中心建设，突破关键薄弱环节

长时间以来，轻工业科技成果转化率低。重要原因是研究开发与应用的中间环节薄弱，中试条件差，工程化水平低。要着力促进和加强科技成果产业化中间环节——工程技术研究中心建设，培养工程技术人才，建设工程化实验条件，提高成果的成熟性、配套化、工程化水平。

### （六）加强高层次技术创新人才队伍的建设

一是建立权责明确、评价科学、健全有利于科技人才创业创新的评价、使用和激励机制。二是制定相应的财政、税收、金融等优惠政策，完善知识产权、技术等作为资本参股的措施，支持拥有自主知识产权项目和技术的青年创业创新，支持和鼓励高层次人才创办科技型企业。三是构建专业技术人才继续教育体系，依靠重大科技项目、重大产业项目，为家电企业培养和引进研发人才。

### （七）建立信息发布制度

国家发改委会同有关部门，建立部门联合发布信息制度，加强行业产能及产能利用率的统一监测，适时向社会发布产业

政策导向及产业规模、社会需求、生产销售库存、淘汰落后、企业重组、污染排放等信息。充分发挥行业协会作用，及时反映行业问题和企业诉求，为企业提供信息服务，引导企业和投资者落实国家产业政策和行业发展规划，加强行业自律，提高行业整体素质。

### （八）严格市场准入

各地、各部门要认真贯彻落实国家产业结构调整指导目录和专项市场准入要求。质量管理部门要切实负起监管责任，未通过准入条件评价、审批的项目一律不准开工建设。

### （九）强化监管

质量管理部门、环保部门要切实负起监管责任，定期发布环保等准入条件不达标的生产企业名单。对达不到准入条件要求的生产企业实行限期治理，未完成限期治理任务的，依法予以关闭。

### （十）完善企业的退出援助制度

企业的退出援助制度，可考虑整合"关小基金"、"淘汰落后产能基金"等相关财政支出，设立统一的企业退出扶助基金；对于部分绝对产能过剩行业需要淘汰的产能建立鼓励性退出机制，通过在退出扶助基金中适当安排专项资金等手段加速淘汰。

### （十一）发挥行业协会等中介组织的作用

加强质量管理协会、标准化协会、计量测试学会、消费者协会、贸促会、商会等有关专业协会和行业协会建设，建立健全中介服务机构，为企业提供品牌创建、品牌推介、品牌运营、技术开发、质量管理、法律服务、信息咨询、人才培训、商标代理、境外商标注册、打假维权等各个方面的服务。

参考文献

［1］陈春花：《中国家电战略深度分析》，《招商周刊》，2005 年第 28 期。

［2］陈庆春：《可怕的美的》，《IT 经理世界》，2010 年第 22 期。

［3］辜胜阻：《我国民营企业自主创新对策思路》，中国经济网，http：//www.ce.cn，2007 年 1 月 29 日。

［4］郭万达、朱文晖：《中国制造》，江苏人民出版社，2003 年第 5 期。

［5］好品牌网：《家电行业"私人定制"变集中定制　生产购买还很困难》，http://www.maigoo.com/news，2014 年 9 月 12 日。

［6］路红艳：《加快推进我国工业消费品流通渠道建设的思考》，商报网站，http://www.zgswcn.com，2013 年 11 月 29 日。

［7］彭绍仲、刘勇：《家电行业转型升级的三种模式及启示》，《中国经贸导刊》，2014 年第 5 期。

［8］彭绍仲：《技术创新竞赛与技术垄断竞争》，中国市场出版社，2015 年第 12 期。

［9］彭绍仲：《中国工业增长的结构转型动力与关联涌现升级》，中国市场出版社，2013 年第 12 期。

［10］赛迪网：《家电业进入平稳发展新常态　转型路在何方》，http：//img.ccidnet.com/templates/ccidnet/img/content/logo.jpg，2015 年 11 月 2 日。

［11］腾讯网：《差异化策略造就海尔出口逆势走强》，http：//mat1.gtimg.com/www/images/channel_logo/digi_logo.png，2012 年 10 月 18 日。

［12］中国糖烟酒网：《80、90 后消费群体的特点》，http：//www.tangjiu.com/html/shichangyingxiao/yingxiaoanli/20150925/213840.html，2015 年 9 月 25 日。

［13］中国营销传播网：《80 后、90 后消费者研究与营销战略思考》，http://www.emkt.com.cn，2014 年 2 月 11 日。

# 第七章　钟表业转型发展研究

## 一、新常态下的国内钟表市场

### （一）国内钟表市场发展现状

近年来，国际金融危机及其后遗症仍旧是影响世界经济发展大环境的一个重要因素。就中国而言，经济下滑已成不争的事实。相关数据表明，2014 年我国 GDP 滑落至 7.3%，2015 年众多机构的预测也仅在 7% 左右。告别两位数的经济高增长，国内产业结构也迈开了调整的步伐。多年来被经济高增长所掩盖的问题逐渐凸显，成为了相关产业发展的障碍性因素。钟表行业一直以来是国民经济中较为边缘化的行业，行业规模小、与国计民生联系不紧密，所以经常被大家所忽视。但是在近年经济萧条的环境下，国内钟表业却逆风向发展，成为了轻工业中发展较快、初步转型较为成功的行业，这不得不让人去探究其背后的原因。据中国钟表业协会的经济数据显示，2011 年钟表行业规模以上工业企业累计主营业务收入为 221.6 亿元，同比增长 22.9%，实现利润 12.8 亿元，同比增长 27.4%；2012 年主营业务收入为 244.7 亿元，同比增长 10.4%，利润总额增长 22.3%；2013 年主营业务收入为 291.3 亿元，其中利润总额 20.6 亿元，同比增长 7.9%；2014 年主营业务收入为 326.5 亿元，其中利润总额 23.5 亿元，比上年同期增长 25.85%。超越 GDP 增速的钟表行业虽然有的年份增长率出现回落，总体而言，我国钟表行业经济效益稳步增长，行业盈利能力水平有所提高。

从生产端来看，我国已成为世界钟表行业生产大国，产量约占世界钟表产量的 70% 以上；产品种类也呈现多样化趋势，基本上满足了我国不同消费群体的需求。最新数据显示，2014 年中国钟表业（含钟表零配件、定时器及其他计时仪器）工业总产值约 654 亿元，其中成表及表心约 10.3 亿只，产值约 400 亿元，同比增长 2.0%；成品钟及钟心约 5.4 亿只，同比下降 3.6%，产值约 170 亿元；钟表零配件、定时器及其他计时仪器产值约 84 亿元，同比增长 13.5%。图 7-1 为 2010~2014 年我国钟表业产量和产值对比图，从图 7-1 中可以看出，各年数据较为平稳，说明我国钟表业产量基数较大，主要的中低端市场饱和度已经达到一定水平。虽然我国已经是钟表生产大国，却与瑞士、日本等钟表强国相去甚远。例如，2014 年我国出口的手表均价小幅上涨至 4 美元，而瑞士手表的均价为 803 美元。低端产品居多，钟表行业小而散的局面普遍存在。面对竞争日益激烈、利润空间被不断压缩的局面，实现我国钟表行业转型已迫在眉睫。

156

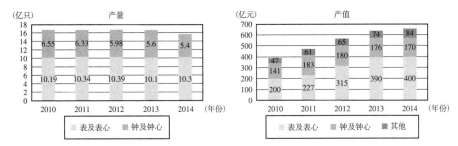

**图7-1　2010~2014年中国钟表生产总量及产值对比**

资料来源：中国钟表业协会各年度经济运行报告。

从出口方面来看，我国钟表业的出口量和出口额相对稳定。2014年出口总额为53亿美元，同比下降3.6%。其中，出口成表及表心9.0亿只，约29亿美元，占出口总额的54.7%；出口成钟及钟心4.5亿只，约10亿美元，占出口总额的18.9%。从2012~2014年的数据看，出口量有略微下降，但是出口额基本持平，说明我国钟表产品的价值在不断提升。从手表分品种出口情况来看（见图7-2），电子表出口量和出口额都是最大的，占据了出口量的75%和出口额的83%；高端表的代表——机械表出口量仅占1%，出口额也仅占7%，说明我国钟表产品的附加值仍旧很低，还处于金字塔的底部，具有较大的发展空间。此外，2014年我国钟表业出口总额中加工贸易为26亿美元，同比增长14.2%，约占出口总额的49%，在一定程度上表明我国钟表业的发展加工环节的比例过高，还主要处于生产链的低端、低附加值环节，对外贸易结构有待优化。从出口的主要地区来看，2014年我国钟表出口地区主要集中在中国香港、美国、日本和德国，其中对中国香港的出口额最大，占出口总额的46%，但同比下降了2.1%；美国、日本和德国占比分别为11%、6%和3%，并且同比都有一定比例的增长，其中对日本出口同比增长26.9%，说明我国钟表企业开始主动出击抢占发达国家市场，出口零配件的增长也表明我国零配件制造水平的提高。

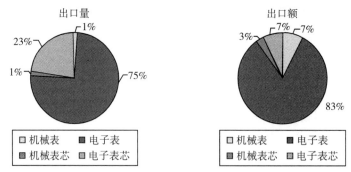

**图7-2　2014年手表分品种出口量、出口额及占比**

资料来源：中国钟表业协会《2014年中国钟表行业经济运行报告》。

金融危机引发了世界钟表业的消费疲软，尤其是发达国家市场的萎缩，导致全球奢侈消费越来越多地开始转向亚洲尤其是中国。就瑞士表而言，2014年亚洲市场以高达118亿瑞郎吸纳了瑞士手表总出口的53.2%。不难看出，钟表最大的消费市场已不再属于欧洲，而是转移到了中国、印度、中东地区的许多国家，而中国市场无疑是其中的中坚力量。中国庞大的人口以及人民生活水平的快速提升，已经成为最具潜力的消费市场，而据权威数据显示，2010年，钟表就成为了中国奢侈品消费的第一大品类，年消费达225亿元，占所有奢侈品消费的45%。从进口数据来看，2012~2014年钟表及其零配件和定时器及其他计时仪器的进口额和进口量都呈现下降趋势。2014年成表及表心进口量为3.3亿只，同比下降6.7%；进口额为28亿美元，同比下降13.6%。但累计进口成品表1518万只，同比增长18.4%，进口额为22亿美元，同比增长8.7%；其中进口机械表242万只，增长5.8%，石英表1276万只，增长21.1%。

从市场结构来看，首先是企业产品品种的增加，创新步伐加快，适应了多样化消费需求，但产品结构不合理。目前市场上出售的手表已经涵盖了商务型手表、休闲时尚款手表、运动表、古董手表、多功能手表以及卡通手表等种类，但各企业之间产品差异化程度较低，同业竞争激烈，主要以价和量取胜，高、中、低档产品在整个体系中分布不合理。其次是品牌结构也不合理。内地市场上存在手表品牌约 200 多个，其中进口品牌为 60 多个；国产品牌数量众多，但为消费者所认可的仅有飞亚达、依波、罗西尼、天王、宝时捷、精铁时等少数品牌。最后是区域集中度稳中有升。经过 20 多年的发展，我国已经形成了以广州和深圳为龙头的珠三角地区、福建、浙江、江苏、山东、天津六大钟表主产区。手表的前三位产区为广东省、福建省和天津市，与 2013 年相比，广东省占比增加 11%，福建省降低 9%，而三大产区产量占全国总量的 96%，区域集中度增加 2 个百分点；时钟生产的区域（福建、广东和浙江）集中度基本稳定。

虽然快速发展的钟表行业让人眼前一亮，但是行业结构不合理，行业内部信息缺乏沟通，人才、技术资源得不到有效整合；加上行业无序竞争，知识产权意识淡薄，我国在国际钟表行业分工体系中处于"只能喝汤吃不到肉"的位置。大多数企业忙于量的扩张而忽视质的提升，设计开发等环节没有剥离出来形成产业体系中的强势环节，导致整个行业的技术创新能力、研发能力、品牌意识和品牌运作能力一直相当薄弱。

**（二）国内钟表市场发展趋势**

尽管面临国内经济下行压力不断加大、世界经济"亚健康"的局面，但是我国巨大的人口基数、国内消费规模扩大和消费观念转变为钟表企业转型提供了巨大的市场空间。中国城镇化进程正在进入一个新的发展阶段，新型城镇化并不是单纯提高城镇化率，而是要让未来的新市民真正融入进去，城市生活方式将改变他们的消费习惯。新型城镇化带来的将是大众消费的普遍市场化，一方面把传统上自给自足的生活消费变为市场交换，另一方面通过示范效应等加快消费结构的升级。随着城镇化进程的加速，有效需求会直接拉动第二、第三产业部门的增长，引起新一轮消费周期的兴起。人口结构变化及新型城镇化道路将使国内消费需求的市场容量得到持续快速扩张。国内钟表行业在十年前就因为日本石英表的出现大量挤占市场空间而被认定为是夕阳产业，但十多年过去了，两位数的增长是国内钟表业的既成事实，这很大程度上得益于消费市场规模的扩大。消费趋势和消费观念也在发生改变，未来钟表的消费趋势主要体现在三个方面：

### 1. 时尚化趋势

手表消费趋势本质上发生了变化，手表消费的目的已经脱离了纯粹的计时功能，更多的是为了追求时尚，即显示身份、装饰服装和应对不同场合的需求。如果是为了计时，石英表非常准确，而且最精准的手表也不是这个时代的产物。罗西尼的企业内部市场数据显示，近些年，石英手表受重视程度越来越低，机械表比重已经超过50%，而以前石英表比重高达90%以上。其实这是消费观念的转变，时尚的标准也在改变。2007年香港贸发局对内地8个城市的居民进行了手表消费调查，调查结果显示：在购买行为方面，"款式合意"是购买手表的最大原因，认可该项的受访者比例达到49.6%，而"紧贴潮流"和"配衬衣服"已逐渐成为购买手表的重要原因，所占比例分别为29.5%和18.6%，这反映出消费者对形象的追求，而手表消费的性质也在满足这种需要。

## 2. 大众化趋势

钟表产业由夕阳产业变成了朝阳产业，在过去的十年，整个行业平均增长速度在 20% 以上，远高于国家的 GDP 增长速度。以罗西尼为例，2007 年的利润是 2900 万元，2013 年则达到了 2.9 亿港元。利润的增长几乎是每两年翻一倍，销售网点也是由 2007 年的 600 多家发展到 2013 年的 2400 多家。消费者的消费需求走向大众化，以前买手表是一种奢侈品，但现在是一种装饰。市场为消费者提供了丰富的产品和选择空间，手表消费成为了一种大众消费。有统计数据显示，中国人均手表量不到 1 块，但西方发达国家，人均拥有十几块甚至更多的手表。中国居民的手表消费水平是平均每百人年消费 5 只，而发达国家平均每百人年消费 23 只，甚至一般发展中国家每百人年消费也达到了 12 只的水平。因此，即使不是高端消费的手表，定位于中产阶级及以下的市场容量随着人均手表量的增加也会非常巨大。

## 3. 垂直化趋势

原有的计划经济时代彻底被打破了，互联网和电子商务发展来到了身边，所有产品都在适应这个时代的到来。垂直化模式的优势在于专注和专业，能够提供更加符合特定人群的消费产品，满足某一领域用户的特定习惯，因此能够更容易取得用户信任，从而加深产品的印象和口碑传播，形成品牌和独特的品牌价值。对于钟表传统企业而言，这既是挑战又是机遇。对于消费者来说，电子商务意味着缩短了客户与企业产品、品牌之间的距离。在未来，基于大数据、客户关系管理和电商平台等，企业能有效整合顾客需求信息，迎合消费者自身创造和定制化的需求，实现限量需求打造，成为未来品牌价值的重要载体。

此外，随着信息技术应用以及智能技术的发展，智能穿戴崭露头角，延伸到钟表领域引发了智能手表发展的广阔空间。国内厂商以满足用户个性化需求为导向，纷纷试水智能手表的研发，企图在广阔的智能穿戴市场中分得一杯羹。再者，政府注重文化领域的发展也为钟表业提供了契机。消费者越来越倾向于对钟表文化内涵的探究，从而显示自身的文化素养和身份地位。

## 二、中国钟表业转型发展的动向与态势

在经济形势倒逼和消费趋势的推动下，国内钟表企业开始纷纷转型，从原有的低附加值、加工制造为主转为开始注重产品研发和品牌价值的塑造，引发了国内钟表行业的又一次发展变革。转型发展的总体态势主要表现为以下六个方面：

### （一）出口代工转向以自主品牌开拓国内市场

据相关统计数据显示，世界约 70% 以上的手表为中国制造，而且很多顶级手表的零配件也是中国生产的，中国工业已经发达到可以为各种瑞士高端品牌和日本品牌代工，从事代工的企业也由早期的香港、台湾地区逐步转移到深圳、东莞等地。凭借较低的人力成本、土地和原材料价格，目前深圳钟表零配件代工厂规模多达 2300 多家，已成为全国最大的钟表生产基地。深圳钟表生产企业大多数以加工手表表壳、表带、表面为主，如深圳龙华联丰表壳厂是万国和豪雅的代工厂，荣鑫表壳厂则负责为劳力士代工，东莞长安高研表壳厂主要为伯爵

提供表壳加工。然而，代工所获取的利润与这些高附加值品牌的利润相比实在微乎其微。国内钟表企业意识到凭借自身的技术水平，若加强研发和销售渠道建设，创立自由品牌能使企业利润水平更上一个台阶。基于此，随着消费模式的转变和企业自身实力的不断增强，国内钟表企业开始由原来的 OEM（原厂委托制造）模式逐渐转向 ODM（原始设计制造）和 OBM（原始品牌制造）模式，不再局限于加工代工的业务模式，开始更多地投入到对钟表的自主设计和品牌的培育业务之中，通过自有品牌不断开拓国内市场。

深圳罗西尼表业公司最初是为国外品牌加工高档表壳，但自 1990 年以后，根据钟表市场情况的变化，及时调整了产品结构，从单纯生产高档表壳转为大规模的成表生产，并加强对"罗西尼"品牌的进一步开发，如今已经成为国内钟表知名品牌，已经多年居于国内钟表品牌价值之首。天王最初也是进行各种 OEM（代工）生产，1988 年天王表创牌成立，在 20 世纪 90 年代，中央电视台"天王表为您报时"的广告语使天王表成为家喻户晓的中国钟表品牌。如今，天王表凭借强大的设计研发实力，以优秀的设计队伍为核心，通过各种先进的计算机设计软件和国际上最先进的精密加工设备，设计生产出了天爵陀飞轮系列、传奇系列、锋尚系列、龙凤系列、金骑士系列、轮时代系列、恒隽系列、名匠系列、尚·SHINE 系列等多个系列经典表款，深受各界人士欢迎。经过 20 多年的品牌塑造，天王表已经成为中国四大名表品牌之一，市场占有率一直保持前三位。

**（二）渠道创新全面推开**

钟表行业销售的传统主要渠道是百货类商场和购物中心，

由经销商和各种专营店、直营店、加盟店组成。罗西尼在全国拥有 2400 多家销售网点；天王目前已在全国各大、中城市及地、县级市建立起了庞大的营销网络；格雅、天骏两大品牌在一、二、三线城市的 CBD 商业区、中心广场及大卖场都设有网点，实体店规模已辐射到全国 261 个城市，逾 2000 家网点。飞亚达更是通过旗下商业品牌"亨吉利"成为了销售渠道的最大赢家。然而近年来，电子商务模式伴随着互联网的普及得到了迅速发展，电商时代的到来使融入这一趋势成为了国内钟表企业的一种渠道创新。国内众多表业企业除了不断加强传统渠道的资源投入和管理力度，而且在电子商务领域进行了积极的探索。

罗西尼、天王等企业，都设有专门的电子商务部门，与天猫、京东、苏宁等主要电子商务平台进行了不同程度的合作，实现了线上线下（O2O）的有效组合。该种新型电子商务模式不仅使企业可以通过线上渠道来拓展产品销售市场，而且借助线上平台和线下商店在客户、产品、营销、交易、交付配送和服务等方面的有效对接和资源共享，实现企业整体效益最大化。2011 年 12 月，罗西尼天猫官方旗舰店正式运营；2012 年，入驻京东商城、苏宁易购等国内知名电商平台，同时积极与走秀网、拉手网、亚马逊、2688 等各大第三方平台建立良好合作关系。2013 年 11 月 11 日，在"唯品会"举行的"私密特卖"上，罗西尼创造了新的销售纪录，遥遥领先手表行业的销量。其他表企也通过开拓电子商务领域实现了不同程度销量的快速增长。

另外一个较为典型的模式是通过与电商合作，开创互联网品牌并获得巨大成功。2011 年 12 月，国内最大的钟表生产集团之一——广州明珠星集团作为第一大股东投资成立了互联网手表品牌"时光一百"并正式推出上线。在短短三个月时间内，取得了月销量突破 3000 只的可观成绩，这主要源于其借助线下原有资源（包括设计、生产和渠道推广等），结合线上特有的推广方式，在 B2C 平台上充分利用效果推广工具，通过渠道创新成功突破了传统代工企业的业务模式，将线上线下品牌和推广有机结合，实现共同增长。

### （三）品牌培育正在成为竞争的焦点

国内钟表企业的转型发展通常伴随着自有品牌的建立。由于传统的代工出口模式处于产业链最低端，微薄的利润加上 2008 年金融危机造成的出口受阻，国内大中小企业都纷纷转型做自己的品牌。国内钟表品牌从无到有，四大品牌和众多小品牌林立反映出了钟表企业应对市场的积极举措。世界品牌实验室和世界经济论坛联合评定《2013 年中国 500 强最具价值品牌》排行榜，罗西尼、依波、飞亚达和天王纷纷上榜，品牌价值较前几年得到了较大的提升。例如，罗西尼品牌价值达到 52.06 亿元，而 2008 年仅为 15.18 亿元。以上表明，企业的战略思维发生了变化，品牌已经成为国内企业核心竞争力的一个重要组成部分。

飞亚达一直为国内的四大钟表品牌之一，依托于大股东——深圳中航实业股份有限公司的航空工业技术和人才基础，涉足航天领域，并在品牌定位、品牌塑造和品牌传播方面都投入了相当多的资源，取得了巨大成功。2011 年 3 月凭借"中国航天表"的身份入驻巴塞尔钟表展 1 号国际品牌馆，成为了世界三大航天表之一，也成为了国产钟表品牌发展的一座里程碑。早年飞亚达因多元化发展道路，在手表制造环节缺乏核心竞争力而出现过连年亏损。但公司审时度势，通过详细的市场调研深入了解了中国手表市场的状况，及时收缩经营范围，将业务聚焦于手表生产和国际名表零售两条主线。而且通过调研分析，将产品定位于初级奢侈品品牌，这是飞亚达品牌战略的起点。在品牌塑造方面，飞亚达加强研发投入，掌握了包括陀飞轮、防震防磁、太空材料等多种先进技术，奠定了其品牌价值的坚实基础。通过"亨吉利"的"三层营销"理论有效地将名表中所包含的历史、文化和艺术传播给顾客；收购瑞士高端腕表品牌 Emile Chouriet 和时尚品牌 COSMO 形成的"三色堇"品牌架构也从整体提升了飞亚达的品牌知名度和竞争力。在品牌传播上，通过各种媒介宣传和代言手段，强化航天表概念，使消费者对其高档、高质量、高价值感产生强烈认同。

### （四）产业融合发展

随着现代信息技术的快速发展，制造业与服务业融合已经成为现代产业发展的主流趋势，也是推动全球产业升级的主要驱动力量。服务业与制造业之间呈现出融合互动、相互依存的共生态势，不断催生新产业、新业态，从而推动产业结构由产品经济向服务经济转型，由制造化向服务化、现代化的生产体系转型。

近年来，制造业和服务业产业融合趋势明显增强，钟表行业也是如此。产业融合态势表现之一就是工业旅游的发展。2012 年 8 月 28 日，罗西尼钟表博物馆开馆暨钟表文化工业旅游项目启动。罗西尼工业旅游园是目前国内第一个大型钟表文化产业园，集设计研发、生产制造、品牌运营、钟表博物馆、旅游参观等于一体，融合钟表博物馆、手表工艺生产观览、企业文化长廊、品牌腕表展示、钟表主题园林厂区等主题参观产品，成为国内表企转型升级的一道亮丽风景。在观光的过程中，花园式的工业园区让人赏心悦目，专业化的生产车间让人对罗西尼精益制造产生敬意，富含文化气息的钟表博物馆能使游客享受一场文化的盛宴。通过这种方式，不仅可以实现展厅的销售利润，而且还能加深消费者对罗西尼产品的认知和品牌的认同。据罗西尼内部报告显示，钟表文化工业旅游运营近一年，就接待了各级政府领导、行业专家的参观交流，港澳台及东南亚游客的近 1500 个旅行参观团，总计 35000 人次，销售利润也相当可观。

产业融合态势表现之二就是随着钟表行业产业链的不断延伸，产业融合进程加快，特别是高新技术在钟表行业中的应用。钟表行业是高精密机械和微电子技术相结合的先进制造业，即使是一块很小的手表，其构成零件几十甚至数百种，而且整体性能的发挥需要每一个零部件的完美组合。我国钟表企业想要向中高端方向发展，推广先进制造技术（AMT），将电子技术、信息技术、自动化技术、新材料技术和现代管理科学等有效结合，实现精细化生产，并将先进制造理念贯穿于生产过程的始终是必由之路。例如，罗西尼充分利用先进的产品设计开发系统，高度重视产品的工业设计，不断引进先进的分析试验仪器和设备，成立了在行业内颇具实力的中心实验室，建立了具有国际水准的钟表设计制造系统，配备了五轴五联动的数控加工中心，配备了高、新、精瑞士进口设备的手表生产线、钨钢表生产线、手表装配线，确保了产品的设计加工水平和产品的质量。

**（五）产业集群效应初步显现**

产业集群作为一种新的网络组织形式，通过区域内企业的空间集聚和经营活动的有机联系，能够有效实现集群内部的各种资源（物流基础设施、劳动力的自由流动、知识的外溢）共享，实现规模经济受益，有利于塑造区域品牌和提升区域企业的整体竞争力。我国钟表业逐渐形成以中小企业为主体的集群式发展结构，形成广东珠三角地区、福建、浙江、江苏、山东、天津六个主要产区。经过多年的发展，主要产区也逐渐分化成了以烟台为代表的老牌钟表基地和以深圳为代表的新兴钟表生产基地。

在北方，钟表诞生地烟台集聚了绝大多数的规模比较大的钟表生产企业。20世纪90年代的市场化浪潮也促使主要的老牌钟表企业转型，更加注重产品创新与管理改进，提出了"外贸与内贸并举，机芯与成品共同发展，注重产品和市场开发"的经营战略。相对于南方新兴钟表基地，由于北方的钟表企业有着更悠久的发展历史，在掌握的核心技术方面更具优势，如天津的"海鸥心"一直在国际市场占有一席之地。在产业组织结构方面，北方企业比较集中，主要以集团形式抱团发展，规模有大小之分；在进入壁垒方面，主要是规模经济壁垒和绝对费用壁垒；产品方面以机械钟、塔钟、特种钟、机芯为主，价格定位比较低，主要占领中低档市场；在销售途径上，主要以出口为主，国内销售只占很小的份额；在竞争对手和地区方面，以海外竞争为主。

广东深圳作为新兴钟表基地，一直是国内钟表企业的集聚地，集合了钟表的设计、组装、集散等环节。目前深圳钟表产量占全球的40%，占全国钟表出口的六成以上，钟表零配件代工厂规模多达2300多家，已成为全国最大的钟表生产基地。多年来的积累，深圳作为国内钟表产业集群地的效应逐渐显现。深圳政府也正在规划建设钟表城，诚邀各大小钟表品牌入驻，无疑对于将深圳打造成为中国的钟表之都，更好地发挥产业集群效应有着积极的推动作用。深圳华南城是集商务、生产和生活等配套服务于一体的现代化综合商贸物流基地和制造业高端集成服务平台。在未来，华南城致力于转型成为一座深度融合电商与物流、商贸与文化协同发展的"电商之城"、"文化之城"，并跟随华南城"走出国门"的恢宏战略，依托华南城遍布全球的物流网络，无缝对接，发展成为一座"全球大城"。这对深圳的钟表企业来说是一个很好的发展平台，不仅可以巩固深圳在全国钟表业的中心地位，更可以依托这个综合平台提升自己的战略定位，走向世界，与世界品牌一较高下，向中高端方向发展。

### （六）政策环境悄然改变，助推民族品牌崛起

钟表行业面临的外部政策环境也在悄然发生变化。2012 年12 月 4 日，中共中央政治局召开会议审议通过了关于改进工作作风、密切联系群众的"八项规定"，随后"六项禁令"、"老虎苍蝇一起打"等一系列强硬反腐措施的陆续出台，大大抑制了公款消费，对于包括进口一线品牌手表在内的奢侈性消费品冲击十分明显。国内奢侈消费的增长已呈现明显放缓的态势，很多用于礼品馈赠的奢侈品销售额明显下降。中国奢侈品协会的报告称，2013 年中国国内奢侈品消费 19458 亿元；相比 2012 年的 18365 亿元，同比增长 6.1%。但 6.1%的增长是历年来增幅最小的一次，以往的 10 年里，中国奢侈品消费的年增长率超过 20%。在箱包、手表领域，虽然总销售额仍有增长，但消费增幅已降低了一半以上，其中一线高端品牌降低了 80%以上。高端腕表领域，法国奢侈珠宝品牌卡地亚（Cartier）仅2012 年就在中国关闭 10 家门店。2013 年第一季度，瑞士对中

国的手表出口额较 2012 年同期下降了 26%，逆转了长达十年的增长态势。2013 年瑞士手表对中国市场的出口量整体跌幅达到 12.5%，2014 年跌幅有所降低，为 3.1%。

对于国产钟表品牌而言，反腐政策带来的影响却是利大于弊。高端品牌市场受抑制无疑为国产品牌腾出了传统渠道空间。原有的大商场和购物中心排斥国内品牌的现象得到缓解。以往国产品牌即使能够入驻，位置也十分偏僻，这是传统渠道的限制。随着政策环境的变化，商场也开始慢慢地接受国内品牌，从某种程度上说，中央反腐活动的促进作用并不在于直接促进国内品牌产品的销售，更多的是为其开拓了一直以来受抑制的传统渠道，这是一个利好因素。国内的几大钟表品牌近年来都在致力于拓展销售渠道，抢夺市场份额，不仅在一线城市商场争相建立专柜，而且将目标投向三、四线城市的消费市场，营业网点（如专营店、直营店、加盟店）的数量都在呈直线增长。此外，借助我国文化产业大发展和"中国热"在全球兴起的战略机遇，国内钟表企业可以加强创新同文化产业的合作模式，推动自主品牌走向世界。

---

【专栏 7-1】

### 罗西尼的"蜕变"

珠海罗西尼表业有限公司创立于 1984 年，是目前国内最具实力、经济效益最好、最具品牌价值的钟表品牌之一，其腕表品牌"罗西尼"长年稳居国内钟表业的品牌价值之首，是中国钟表唯一的"亚洲品牌 500 强"。据统计，截止到 2013 年底，罗西尼年产量增长 260%，销量增长超 120%，利润增长了近 10 倍！罗西尼品牌价值也由 2008 年的 15 亿元增至 2014 年的 66.58 亿元。

从最初的中外合资到 20 世纪 90 年代转型进入成表研发制造领域，2008 年又改制融入中国海淀集团，经过 30 多年的发展，罗西尼是如何从表壳加工企业华丽蜕变为集成表设计、生产和销售于一体，致力于为消费者打造高质量、高品位、高技术的知名计时文化产品的企业？罗西尼不仅在产品上有质的飞跃，在品牌的塑造上也成为国内钟表企业的典范，其中的经验值得借鉴。

第一，企业文化奠定梦想基石。做一个有梦想的企业，"开百年老店，创世界名牌"是罗西尼企业精神和文化理念所在。罗西尼传承了海淀集团梦想、激情、创新和开百年老店的企业文化，提炼和创新企业使命、愿景和价值观，"让生活每一刻拥有价值"，将每个员工的职业理想与企业梦想融为一体，吸引了大批优秀人才集聚于此，并与罗西尼一同成长。

第二，技术创新引领行业进步。罗西尼一直将自主创新作为企业发展的原动力，以不断精进的研发实力和技术创新力带动企业乃至行业的进步。高度重视产品工业设计，不断引进先进分析实验仪器和设备，成立了行业内颇具实力的中心实验室。始终以客户体验为中心，以市场消费趋势带动产品创新，以创新技术和创新产品引导消费。产品定位和技术路线对标瑞士名表标准，力图制造出真正具有国际竞争力的中国名表。

第三，营销创新开拓市场份额。公司通过对消费者购买行为的调查以及根据手表行业的特点、公司品牌的诉求及产品特性，将市场渠道划分为六个大类，并通过旗下 2000 余家销售网点、电子商务、工业旅游和近百家维修服务网点实施产品和服务的交付。罗西尼还率全国之先，开创了工业旅游项目，集设计研发、生产制造、品牌运营、钟表博物馆、旅游参观等于一体，融合钟表博物馆、手表工艺生产观览、企业文化长廊、品牌腕表展示、钟表主题园林厂区等主题参观产品，成为了国内钟表领域一道亮丽的风景。

第四，品牌塑造成就最终辉煌。"制作一流的手表，绝不仅仅是用复杂的机械机芯制作一枚计时工具，而是用追求卓越的态度，缔造一件具有审美价值、收藏价值的艺术作品；打造一流的品牌，则是要在这个基础上，形成自己的理念和特征，并让这种理念和特征得到消费者的喜爱"，这是罗西尼CEO商建光对其产品理念的诠释。基于这样的理念，罗西尼在产品质量、设计水平、市场运作、形象建设、服务等各个细节都着力体现罗西尼品牌文化。不仅让每一只手表都彰显品牌价值，还让每一次销售都完成着对品牌文化的宣传和输出。多年来，罗西尼通过品牌传播、社会责任与公益活动、明星代言与实施精品战略等多维度打造品牌价值，不断提高品牌的含金量与水平，提升品牌的知名度、美誉度和市场竞争力。

如今的罗西尼已然成为中国钟表行业的翘楚，30多年只是一个开始！未来的罗西尼将以此为品牌腾飞的新起点，肩负重任，向"打造国家化民族表业品牌"的梦想继续前进！

资料来源：刘惠兰、田甜：《罗西尼：梦想之间的创造——记罗西尼表业有限公司的逐梦之路》，《经济》，2014年第7期；罗西尼——中国钟表协会出席罗西尼［时纪·三十载］品牌周年盛典，中国钟表业协会，http://www.chinahorologe.com/contentdetail.aspx?id=998，2014年8月8日。

## 三、中国钟表业转型发展面临的问题

中国钟表业近十年的快速发展不仅得益于外部环境的改变，如体制因素、经济发展因素、消费升级因素等，各钟表企业自身也作出了巨大的努力。从原有的加工代工模式转型为通过自有品牌来开拓国内市场，从传统线下渠道转型为线上线下的组合渠道模式，不断加深对品牌内涵的挖掘和培育，并通过产业融合、产业集群方式有效地开拓了国内钟表业的新一轮增长周期。然而，在面临激烈的市场竞争环境下，国内钟表业还面临转型升级过程中的一些关键问题，这些问题很大程度上制约了我国钟表行业的进一步发展。主要有以下几个方面：

### （一）同行业之间不规范竞争现象严重

钟表业首当其冲面临的问题是同业之间的不规范竞争和产品同质化。虽然环境因素促成国内钟表企业的转型，纷纷建立自己的品牌，但品牌差异化程度非常小，知识产权受侵害程度较深。随着我国钟表企业自主创新能力的提高，在产品外观设计、产品商标、核心技术等方面产生了很多需要保护的知识产权。专利拥有量在中国手表行业居于首位的海鸥表业，截至2011年底，累计向国家知识产权局申请并受理专利461项，其中发明专利37项、实用新型130项、外观专利293项；国际专利申请1项，PCT国际申请1项，约占国内手表行业专利总量的50%。截至2012年，罗西尼也已经申请并获得300多个国家实用新型和外观设计专利。对于国内钟表业来说，大多数的专利技术集中在几个大品牌企业，小品牌或者小企业则是通

173

过模仿、抄袭、假冒大品牌方式，并在价格上取胜来维持生存。对于整个钟表行业来说，侵犯知识产权的事件比比皆是，因此，提高知识产权保护意识显得格外重要。例如，在2012年广东省以"打击欺行霸市、打击制假售假、打击商业贿赂；建立社会信用体系、建设市场监管体系"为内涵的"三打两建"活动中就查获了一家涉嫌制造假冒品牌手表的公司。该公司涉嫌侵犯品牌商标专利，伪造多个国内外知名手表品牌。其中，罗西尼表业有限公司注册的专利商标"Rossini"，被其非法使用在所制的数款手表表盘多次，对罗西尼产生了严重的不良影响。在破获此项行动中，罗西尼公司的长期调查举证发挥了重要作用，这也表现出我国企业开始注重知识产权领域的自我保护。

目前，国际贸易保护主义有所抬头，知识产权壁垒增多，关于专利权、著作权、商标权等涉及知识产权的纠纷不断。中国钟表企业要融入国际竞争市场，就不仅需要以自主知识产权打造中国钟表业的核心竞争力，杜绝侵犯他人的知识产权事件发生，同时还要采取有效的措施对自身所拥有的知识产权进行保护，加强维权意识，有理、有利、有节地维护自身合法权益。2012年瑞士巴塞尔国际钟表珠宝展上，瑞士SWATCH旗下的欧米茄公司向组委会知识产权委员会投诉海鸥表在一块同轴陀飞轮女士腕表的描述中使用英文"CO-AXIAL"一词，对欧米茄表商标构成侵权，引起了广泛关注。而后，海鸥表业公司采取积极措施应对，上交展会使用标识牌后，在最短时间内准备好相关证据和材料应诉。最后，经组委会仲裁决定，海鸥表未对欧米茄公司注册商标构成侵害，驳回欧米茄公司的投诉。此次纠纷最终获胜，主要还是源于海鸥一直以来对技术研发和自主知识产权维护的重视。

### （二）消费者对品牌消费的认知程度还处于较低水平

随着城镇化进程的加速，我国消费升级趋势明显。但事实上，消费者对品牌的认知还处于较低水平，对品牌产品更多的是一种非理性消费。钟表品牌不仅是一个企业产品异质化的表现，更多的是品牌背后所承载的文化内涵。品牌是一种记忆，文化是一种习惯，瑞士钟表品牌背后是其几百年的文化积淀。国内钟表品牌才发展了二三十年，消费者对其了解不深入，这就需要国内企业坚定不移地弘扬品牌的钟表文化，不仅是加强其自身品牌的消费忠诚度，更多的是要提升消费者对整个钟表行业和钟表品牌的认知水平。

举个很简单的例子，如果问及消费者对劳力士、欧米茄有什么印象，一般人都会说：顶级品牌，代表身份，很贵但很好。问及对国产手表的印象，则模糊不清，能说出品牌名称就算不错了，印象分偏低，最终决定因素还要看价格是否比较有吸引力。这种对比很能说明国产手表的品牌积淀问题。欧米茄全球总裁欧科华曾说过，"中国制造的手表在技术上并不差，中国手表在品牌积累上，还需要时间"。其实中国的钟表品牌还面临一个很大的问题——品牌老化问题，特征是高知名度和低认可度并存。从消费者角度来说，国内钟表品牌最常见的情况是：知道这个牌子，但购买冲动远远不足。国内钟表企业近年来也在采取一些应对措施，如加大媒介传播投放、聘请形象代言人、加强产品开发和终端建设等，但成效还是不大，归根结底就是缺乏传统价值文化的传承。名表中的代表品牌"百达翡丽"，在近两个世纪的历史长河中，一直坚守品牌的核心价值——"家族传承、最高工艺水平，以及不断创新"，用几代人的努力完成了这一伟大实践，获得了世人的认同。中国的钟表行业就像一个新生儿，相比毫无历史传统价值可言。但是历史原因造就的差别也并非不可补救，中华民族源远流长的 5000 年文化可以为我国钟表产业注入深厚的文化内涵。正值国家向全世界推广中华文化的契机，国内钟表企业可以在产品中融入更多的中国元素，而不是一味地模仿国外大品牌的经典系列。中国表企已经掌握了世界手表的几大经典技术，如陀飞轮、三问表、万年历等，所缺乏的只是如何传承优秀传统文化，以及如何将其美妙地融入钟表产品之中。

### （三）国内钟表行业产业组织结构落后

一个行业的产业组织结构的优良程度严重影响着该行业的发展。国内钟表行业总体来说还是存在企业规模偏小、市场集中度较低和企业间联系较为松散等问题。虽然近几年我国钟表制造业逐渐形成广东珠三角地区、福建、浙江、江苏、山东、天津六个主要产区，但还是以中小企业为主体的发展结构，民营企业和三资企业占企业总数的 70% 以上。与发达国家相比，我国企业的绝对规模和相对规模都存在较大差距。虽然各产区都具备较完整的钟表加工制造产业链，从表盘、表壳、表带、表玻璃，到螺钉、齿轮、发条等机芯零件等，上下游紧密结合，逐渐发展成为具有较强竞争力的产业集群区。但是产区之间竞争激烈，产品差异化程度较低，没有鲜明的区域品牌特色。企业间较为松散的组织形式也不利于技术的研发、大品牌的形成以及统一的市场协调机制构建等。

瑞士钟表在世界畅销已经不再仅仅是源于其苛求的生产工艺和深厚的文化内涵，摆脱单个企业的作战模式，形成强大的品牌集团，进而实现品牌的联合作战模式对瑞士钟表王国的建立可谓是功不可没。在目前国内最热卖的品牌当中，欧米茄是当之无愧的销售冠军，同集团下的浪琴、雷达、美度、天梭等品牌都是市场上销售占比极高的品牌。造就这所有辉煌的，就是瑞士 SWATCH 集团。SWATCH 集团的"品牌生态圈"战略把瑞士最具价值的品牌梳理出来，在确保其具有优异品质和深厚文化的基础上，按价位从低到高予以明确的定位，集中资源把各个品牌推向世界不同市场，以满足不同阶层的需求，最终把这些品牌塑造成不同定位上的佼佼者，强大的"品牌生态圈"就此形成。

反观国内，多数钟表企业仍旧还处于单打独斗，靠价量拼个你死我活的境地。不是没有实力自行打造品牌生态圈，就是选择走品牌生态圈的企业布局尚未成形。飞亚达集团、海淀集团走的是类似路线，通过自营副牌、入股和收购等方式在品牌圈的道路上做着大胆的探索，但这注定是一条漫长的道路。

### （四）钟表产业工人稳定性和充足性面临冲击

产业工人是制造业的重要生产资源，在目前越来越大的市场竞争压力下，谁有一支稳定的高素质员工队伍，谁就可能占据行业的主动。工人效率的提高，可有效提高产量，而产量的提高可以摊薄单位产品的固定成本和管理费用。同时，也可以有效保证产品的质量水平。钟表产业实际上所属类别很复杂，既是精密制造业，又是都市型工业，同时也是劳动密集型产业，需要大量的熟练技术工人。然而，随着经济发展和中西部基础设施的完善，东部沿海对劳动力的吸引力在减弱，广东沿海地区前几年就出现了"用工荒"问题。据调研企业透露，工人的流动性非常大，整个行业都面临着工人稳定性和充足性问题。可以说，产业工人的稳定性是企业提高竞争力和转型升级能否成功的关键因素。目前，许多企业对产业工人稳定性日渐重视，出现了很多"员工之家"，对员工提供人性化的关怀。例如，在罗西尼就可以看到企业为职工提供的舒适的住宿和工作环境，还有各种如足球队、篮球、羽毛球、自行车协会、大型联欢会和集体婚礼等各种丰富的文化生活，这极大地调动了员工的积极性和创造性，加深了员工对企业的归属感。

不仅是熟练产业工人，高级技术人才的匮乏也很突出。截至 2013 年底，罗西尼总部员工构成中，硕士仅有 4 名，本科生 73 名，合占总人数的 15%。钟表行业的发展伴随着研发投入的不断增加，从而需要不断地注入新鲜血液，即人才。但社会高端人力资源供给还不够充分，这也是钟表业发展面临的一大挑战。劳动力成本的快速上升，已迫使企业不得不思考精细化经营与转型。

**（五）政府对钟表行业的政策尚不清晰**

国民经济具有庞大的工业体系，钟表业由于产值不高，一直处于边缘地带。政府将更多的关注点集中在钢铁、石油、汽车等支柱产业部门，对于钟表业的发展一直较为忽视，政策也不够清晰，有关钟表业发展的指导大多包含在轻工业的指导方针之中。然而随着中国扩大内需政策的推行和中国消费市场地位的提升，以及居民消费趋势的改变，钟表行业的地位已变得不容忽视。

钟表行业本身的属性使其具有众多的积极作用。首先，钟表业的绿色无污染都市型工业属性对城市建设非常有利，可以减轻城市的污染水平，在发展工业的同时创造美好的城市环境。其次，钟表业是一种文化产业，产品中具有较高的文化含量，能够促进文化创意产业的发展和国家软实力建设。再次，钟表业的劳动密集属性使其在吸收劳动力就业方面作出了巨大贡献。最后，钟表行业特有的高精密制造技术能够推动航天、航空、船舶、兵器、核电、石化、机械装备等重要行业的发展。因此，政府理清思路，出台相应政策鼓励国内钟表行业的发展，不仅可以推动经济增长，还可以提高国民文化素养，带动整个内需战略的实现。

2015 年政府终于有所动作，于 2 月 25 日四部门（工业和信息化部、财政部、工商总局、国家知识产权局）联合发布《关于加快推进我国钟表自主品牌建设的指导意见》（下称《意见》），将通过鼓励钟表企业利用资本市场直接融资等手段加强钟表行业品牌建设。《意见》提出，到 2020 年自主品牌高、中、低档钟表产品销售额比例从目前的 1：14：85 转变为 3：22：75，形成 5 个左右国际知名品牌、20 个左右国内知名品牌，知名品牌企业高端产品质量接近国际同类产品先进水平。这无疑是政府对钟表行业政策的一大转变，对钟表业来说是一大利好因素。

---

【专栏 7-2】

## 四部门联合指导推进我国钟表自主品牌建设

由工业和信息化部会同财政部、工商总局、知识产权局四部门（以下简称"四部门"）于 2015 年初正式发布的《关于加快推进我国钟表自主品牌建设的指导意见》（以下简称《意见》），对于加快我国钟表制造业转型升级，增强企业自主创新和品牌建设能力，实现建设钟表强国目标意义重大。

《意见》分别从六方面，提出了今后一个时期我国钟表行业需要重点完成的主要任务。

（1）推进品牌发展战略是重要的核心和基础性工作。企业应该首先找准自身的品牌定位和发展方向，紧密围绕品牌建设这个中心工作，统筹协调企业内部各种资源为品牌建设服务，让品牌成为企业发展的总目标。

（2）增强自主创新能力，是从根本上提升钟表企业的核心竞争力，提高产品附加值，从而有力支撑钟表企业实现更高的品牌价值。

（3）优化产品结构，增加高端、复杂、智能化产品的比重，适当压缩低档产品比重，能够帮助钟表品牌塑造和维护在消费者心目中的高端形象，进而实现向价值链高端发展。

（4）提高产品质量水平，通过增强精密加工能力和建立质量管理体系等措施，改善钟表产品走时准确度和使用的耐久性，能够逐步改变消费者对于国产钟表质次价廉的负面印象，增强国产钟表产品的美誉度和传承价值，从而提升品牌价值。

（5）促进重点区域发展，将天津、广东（深圳）、山东（烟台）列为钟表品牌建设的重点区域，这三个地区钟表行业从其发展历程、技术水平、产品结构、产业链配套、品牌培育环境等方面，在全国范围内均具有比较优势和较大的影响力，能够充分发挥辐射带动作用，引领周边地区甚至全国钟表行业走上品牌建设的正确道路。

（6）积极开拓国内外市场，要求企业按照中共十八届三中全会提出的"充分发挥市场在资源配置中的决定性作用"，统筹用好两个市场、两种资源，一方面，深耕国内市场，创新营销模式，拓宽销售渠道，逐步提升国内消费者消费自主品牌钟表产品的比例；另一方面，继续积极参与国际分工，巩固和发扬我国作为国际钟表生产加工基地的重要地位，逐步向产业链上下游发展。

资料来源：工业和信息化部：《关于加快推进我国钟表自主品牌建设的指导意见》解读，2015 年 8 月 4 日。

## 四、新常态下中国钟表业转型发展的对策与思考

### （一）加强对知识产权的保护

目前，由于我国知识产权保护制度不太完善、企业知识产权保护的观念和意识淡薄、科技创新与研究的投入不足等因素，钟表行业内部面临竞争秩序混乱、知识产权受侵害程度较深的局面。加强知识产权保护，需要从完善法律体系、健全管理制度，提升保护意识等方面入手，需要政府、行业协会和企业的共同努力。

第一，政府要进一步完善法律政策环境。专利主管部门应该缩短专利审查周期和专利申请后的实际授权时间，加强专利从业人员的数量和质量，建立专利检索数据库以提高效率。同时，应当高度重视并大力加强专利信息网络的建设，及时而全面地掌握国内外专利信息的动态，并及时地用在指导专利的申请、审批、实施、保护以至清理工作中。

第二，政府应加大对专利的激励力度，鼓励各地设立专利申请资助资金。同时，国家专利机构还要采取措施主动帮助有重大经济效益的专利项目付诸实施，完善专利成果转化的保障机制，设立专利成果转让的评估机构，为专利成果转让提供正式的交易场所等。

第三，将知识产权纳入相应的考核标准之中，加强对企业

的指导。如在对企业的考核评定中，可将知识产权管理制度的完善与运行状况、拥有自主知识产权的数量与质量等作为重要指标。

第四，行业协会领头，帮助企业提高知识产权保护的意识和运用能力。有必要开展面向企业和个人的教育培训工作，使他们了解知识产权保护的重要意义，熟知知识产权保护的途径和方式，并有效利用知识产权维护自身的合法权益。

第五，在知识产权保护体系日益完善的前提下，做到"有法必依、执法必严"。加强执法力度，在现有体制下，对一些"两法"衔接不够紧密、信息沟通不够便捷、案件移送不够及时、协作机制不完善等问题，要逐步加以解决，并且依法严厉打击各种侵犯知识产权的行为。

### （二）提升消费认知水平

尽管我国消费升级趋势明显，但大部分消费者对于品牌的认知程度还较低，还处于品牌消费的认知过程之中。因此，行业协会应该牵头发挥重要作用，并且鼓励企业积极参与，如建立公益性钟表博物馆，弘扬钟表文化，引导消费者消费的同时更加注重其对品牌背后文化内涵的理解。北极星钟表文化博物馆是国内第一家以钟表文化为主题的博物馆，位于中国钟表诞生地——烟台市。2014 年春节期间，北极星钟表文化博物馆特向烟台市民推出"惠民活动"，2 月 4 日至 2 月 6 日全天免费向市民开放，2 月 7 日至 2 月 14 日每天上午免费向市民开放。如果能开展更多的优惠活动，必然能增加广大市民对钟表文化的理解和认同。

面对国内钟表品牌消费者缺乏信心问题，在行业协会和企业积极引导的同时，政府应当提供适当补贴，如通过直接补助、税收优惠等形式，降低其宣传成本，调动协会和企业的积极性。营销策略上，国有品牌可以推出高端手表。虽然高端市场需求人数很少，但这部分人群的消费需求能起到引领和带动整个市场需求的作用。高端产品既能体现一个国家的制造业水准，也能打开价格空间，引导消费者向中端手表集中，这也是提升消费者对国产品牌手表认知水平的一个良策。

### （三）鼓励企业做强做大

未来的国内钟表市场必然出现整合，即企业并购行为。如何利用这一契机，事关国内钟表业的发展。企业并购活动的健康发展离不开政府的调控、引导和服务。对于政府来说，在鼓励企业联合做强做大方面应明确自己的角色。

首先，政府应该明确其并购活动中引导者的角色定位。钟表行业"小而散"的产业格局严重阻碍了其进一步发展。政府可以从宏观上进行指导，使企业并购重组朝着预定产业结构、产业组织调整的健康方向发展，实现有效重组，使产业结构在并购中达到优化。

其次，政府应该扮演企业并购活动中的协调者。现有的条块分割局面和行政性壁垒，使企业并购困难重重。政府应出面协调，建立统一、规范的产权交易市场，为企业并购活动创造良好的市场环境，保障企业可以正常进入产权交易市场以及跨地区、跨部门的兼并的实现。

再次，政府应该为企业并购提供配套的服务和设施。例如，加强资产评估机构的建设，保证并购中资产评估的科学性和公正性；完善有关并购法律法规，使企业并购法制化和规范化；实施再就业工程和加快建立社会保障体系，妥善解决富余人员的安置问题；加快资本市场、产权市场建设，为企业并购提供公开信息，降低交易费用，促进资产的流动性。

最后，政府在并购过程中的监督管理职能必不可少。政府要随时关注企业并购的动向，对于欺诈性、垄断性、强制性并购及违背企业发展总体规划的并购和损害国家财产及其权益的并购，要及时发现、制止和干预。

我国企业要想与国外企业相抗衡，资本重组、强强联合势在必行。借鉴瑞士 SWATCH 集团"品牌生态圈"战略，强强联合产生一批优势企业集团，才是保护民族工业、抵御外部竞争、振兴国内品牌的最有效手段之一。

### （四）保障充足的、高质量的人力资源

对于钟表行业，人力资源匮乏问题突出。劳动力流动问题的核心是劳动报酬问题。企业应该使工人的劳动报酬在企业转型发展的动态过程中获得增长。行业发展了，企业利润增加了，员工福利应该得到提升。此外，企业应该通过创造良好、舒适的工作、生活环境，营造企业文化，为员工提供进一步学习发展机会等方式获得员工的认同感和归属感。

建立良好的人才培养机制，在中高级人才方面，政府除了应当鼓励相应职业院校开设钟表课程外，还应创造条件促进职业院校人才与企业需求形成良好对接，源源不断地为该行业提供所需的人力资源。对于劳动力素质要求更高的人力资源，企业应该进行更多的投入，如企业可以和大学、研究机构等进行合作，形成产学研紧密结合的高端人才培养机制，将更多的研究成果转化为企业实实在在的产品，提高我国钟表行业产品的整体水平；抑或是行业协会可以将企业联合起来，统一为大学生和研究生提供进入优质企业实习的机会，毕业后，由于互相了解程度较深，有利于人才和企业之间的双向选择，保证了企业对于高级人才的需

求。通过搭建各层次人力资源交流平台，引导劳动力有效充分就业，保障钟表行业对梯度人才的有效需求。

**（五）积极利用社会资源，协同推广国产品牌**

国产品牌长期受到消费者心理因素的影响，发展受到限制。推广国产品牌，不仅需要企业在产品质量上严格把关，更需要从以下几个方面来展开：

首先，强调使用国产品牌，公众人物应率先使用，并且联合媒体作为推广。公众人物在出席公众场合时有意识地佩戴国产品牌手表，能够增强消费者信心，起到很好的示范作用。如果能够形成典型事件或仪式性的活动，就能够形成消费者的思维定式，对于推广国货具有非常大的作用。目前，国内知名钟表品牌都在走代言人路线，如胡军代言罗西尼手表、陆毅代言依波等，都能够发挥公众人物的示范效应。

其次，在国外市场上，钟表协会应该联合企业定期做一些推广，如多参加一些国际顶级的展会。顶级艺术展会不仅在规格上很高，而且对于参加企业和产品的要求达到了苛求的地步，不仅代表中国钟表在质量上过关，更能从中展现包含中国元素的钟表风采，是获得世界认可的一种有效方式。在国内市场上，要成立第三方评估机构，公平、公正地考量各方因素，对国内企业进行排名，对每个品牌表现作出评价。可以采取设立标准的方式，对满足标准的企业颁发认证，代表着一种社会性认证。

最后，钟表行业所需的配套的服务，如研发投入、人才培养、业态的创新等，政府一方面可以通过补贴的方式鼓励企业进行，另一方面还要注重教育和相关人才的培养。例如，对于钟表行业机芯的研发和生产企业，加大扶持力度，争取打破这

185

种关键技术受人控制的局面。又如，品牌咨询管理、统一公关等服务，政府应更好地履行其服务型政府的职责。面对产业融合的大趋势，行业协会还可以推动钟表行业和文化创意产业的融合。如通过线上线下博物馆帮助更多的人了解钟表，从文化角度谈钟表的历史，必要时可模仿《大宅门》等拍成影视作品形式，或做成纪录片，使其通俗易懂而又耳熟能详。事实证明，服务业的发展反过来能够有效推动工业的发展。

**参考文献**

［1］《2012年中国钟表行业经济运行报告》，中国钟表协会网站。

［2］《2014年中国钟表行业经济运行报告》，中国钟表协会网站。

［3］丁家永：《以消费者品牌认知到管理者品牌传播的思考》，《中国包装报》，2011年7月29日（4）。

［4］都娟：《中国钟表行业两大基地的现状分析》，《大众科技》，2005年第12期。

［5］《关于加快推进我国钟表自主品牌建设的指导意见》，工信部网站。

［6］吉勤之：《以文化立钟表——钟表行业精品文化思考》，《钟表》，2014年第3期。

［7］李莹、张长岭、刘太平：《先进制造理念对钟表行业的启示》，《钟表》，2000年第2期。

［8］梁璐：《一个英文单词引发的争议——海鸥巴展再次维权获胜》，《钟表》，2012年第3期。

［9］刘惠兰、田甜：《罗西尼：梦想之间的创造——记罗西尼表业有限公司的逐梦之路》，《经济》，2014年第7期。

［10］《罗西尼：创建自主品牌，建立和谐市场》，《钟表》，2012年第5期。

［11］ 史安娜、张慧君：《基于知识产权保护的区域技术创新研究与对策》，《山东社会科学》，2012 年第 6 期。

［12］ 孙瑞：《突破与转型——中国钟表破题 2012》，《轻工标准与质量》，2012 年第 2 期。

［13］ 应珊：《揭秘国内钟表"品牌价值"现状》，http：//fashion.efu.com.cn/newsview-308113-1.html，2013 年 6 月 19 日。

［14］ 张江雪：《我国知识产权保护在技术市场中的作用分析》，《科学学研究》，2010 年 28 卷第 12 期。

［15］《正能量时间之旅记罗西尼工业旅游》，《钟表》，2013 年第 6 期。

［16］ 钟向阳、侯湘：《深圳钟表业的聚变式发展之路——访深圳钟表行业协会执行副会长兼秘书长朱舜华》，《中国工业报》，2009 年 10 月 14 日 （B02）。

［17］ 周朋程：《飞亚达品牌竞争力探讨》，《中国商贸》，2012 年第 25 期。

# 第八章　扩大消费需求与工业转型发展的政策取向

加快实现发展动力转换，发挥消费对增长的基础作用，必须在需求侧和供给侧同时发力。也就是说，不仅要通过一系列调节收入分配政策来扩大消费需求，还要不断优化劳动力、资本、土地、技术、管理等要素配置，创造新供给，以引导和对接不断发展的消费需求。

## 一、确保居民收入稳定增长，提高边际消费倾向

扩大消费需求是新常态下转变经济增长方式的基本保障。扩大消费需求的政策着力点必须由短期刺激转向理顺国民收入分配关系、确保居民收入稳定增长、提高居民消费能力、改善消费预期、调高边际消费倾向等中长期政策上来。

### （一）全力促进居民增收，提高消费能力

一是要将促进就业作为居民增收的主渠道。实施就业导向的宏观经济政策，落实对服务业和中小企业、劳动密集型行业

的投资、财税、用地等支持政策,增加就业吸纳能力,促进工资水平合理增长。二是要提高居民财产性收入。在农村,关键是推进和深化土地制度改革。在稳定农民对承包土地拥有长期物权的前提下,促进土地流转和变现,使农民获得稳定的收入流;清晰界定农户宅基地产权属性,推进宅基地流转、置换方式创新,让农户分享土地升值收益。在城镇,关键是深化金融体系改革,拓展居民投资渠道,提高居民的股息、利息、红利等财产性收入。三是着力增加政府对劳动市场服务职能,加大对职业教育、在职培训等的公共投入,提高劳动者素质和岗位转化能力,通过增强劳动市场的活力来保障劳动者利益。

### (二)规范收入分配秩序,缩小收入差距

一是切实缩小垄断行业与其他行业就业人员不合理的收入差距。放松铁路、电信、电力、能源等基础产业和银行、保险、证券等服务业以及部分城市公共事业的管制,通过市场竞争来提高效率、降低垄断收益,最终使消费者获得实惠。对于那些确实关系国计民生的垄断或自然垄断行业,要加快建立合理的定价机制和收益分配原则,避免因垄断因素获取高于其他行业的劳动报酬。二是完善企业所得税制度,将减税负与促就业有机结合起来,对有利于就业的中小企业和劳动密集型行业给予税收优惠。适时开征物业税,条件具备时开征遗产税、赠与税和特别消费税,加大对高收入群体的税收调节力度。三是统筹城乡协调,减缓城乡收入差距扩大趋势。全面提高财政对农村公共事业的保障水平,形成城乡统一的公共服务制度,促进城乡基本公共服务均等化。进一步健全体制机制,促进人口和生产要素的自由流动和优化配置。推进新型工业化、新型城镇化与新农村建设同时并举,不断缩小

城乡居民收入差距。

### （三）增强居民消费预期

一是持续不断地增加用于改善民生的支出占财政总支出的比重，加大教育投入力度，加快医疗卫生改革，加大保障性住房建设力度，探索实施多种保障性住房的供给形式，完善基本住房保障制度。二是逐步建立全覆盖、保基本、缩差距、可转续的社会保障体系。扩大新型农村养老制度实施范围，并适当提高保障水平；落实医疗卫生体制改革新方案，逐步完善大病保障制度；提高社保的统筹层次，逐步建立完善的保障体系。三是完善政府间转移支付制度，保证基层政府的基本公共服务供给能力。转移支付中财力测算标准与常住人口挂钩，与户籍人口脱钩。加快制定并实施基本公共服务标准，建立和完善体系完整、有可持续性的基本公共服务体系。

### （四）完善消费环境，引导理性消费

第一，下大力气解决产品质量安全。围绕抓住"衣食住行"等与广大消费者生活息息相关的消费领域，完善消费品市场的信息系统和监管公共服务平台，加大对产品质量和价格的监管力度，特别是要加强食品安全监管，确保产品质量安全。进一步整顿和规范市场经济秩序，严厉打击虚假广告、制假售假、商业欺诈等行为，加大针对社会失信行为的立法和执法力度，鼓励诚信经营，保护消费者的合法权益，增强消费预期，促进安全消费。第二，支持合理金融创新，积极发展消费金融。在加强监管和风险控制的前提下，大力实施金融创新，在信贷标的、类型、流程和方式上积极支持业务创新，在消费支付终端多元化、安全化上寻求新突破，积极发展消费信贷，支持居民合理的消费需求增长。第三，着力改善消费品流通环

190

境。建立健全现代消费品营销体系，推动物流配送、电子商务等现代交易方式和组织形式快速发展。完善社会信息基础设施平台建设，提升信息化水平，支撑新兴消费领域发展。第四，进一步扩大信息消费、养老消费、健康消费，促进新型电子产品、智能家电、节能汽车等热点商品消费，鼓励新的消费方式发展。积极鼓励和倡导低碳绿色消费，避免出现"先消费、后污染、再治理"的现象。第五，加快完善与消费相关的基础设施建设，为拓宽城乡市场、扩大居民消费创造有利条件。

### （五）加大对高等教育的扶持力度

教育水平一方面决定了中等收入阶层的就业选择，另一方面也提高了其文化素养和相应的消费选择。中等收入阶层可通过人力资本要素促进经济增长，因而增加政府教育支出可从收入和消费两方面对总消费的扩大产生积极影响。为了进一步提高中等收入阶层比例及相应的人力资本要素，首先要在城镇地区普及高中阶段的教育，加强农村地区的初高中教育，逐步提高城乡平均受教育年限。鉴于中产阶层的职业分布，为了进一步促进中等收入阶层扩大，对接受高等教育潜在人群的扶植力度也应加强，如助学贷款审批和发放的便利化。通过提高受教育水平增加广大中低收入群体的人力资本，为收入的进一步提高奠定基础，进而使经济发展进入消费驱动型的良性循环。

## 二、推进新型城镇化，促进城乡消费互动

中共十八大报告提出"必须以改善需求结构、优化产业结构、促进区域协调发展、推进城镇化为重点，着力解决制约经

济持续健康发展的重大结构性问题"。促进城乡消费互动，需要以增加农村投资，加强农村基础设施建设为基础，以着力增加农村居民收入为突破口，以提高农村居民消费能力为手段，以推进农村居民就业转型和生活方式转型为根本路径。

### （一）加快农村要素流动的市场化改革，松动土地对人口的束缚

深化土地流转制度改革。为鼓励农民进城经商办企业，解除他们的后顾之忧，应允许进入城镇并转为城镇户口的农民，在一定时期内保留原有承包地。允许农民将承包地使用权异地转包、出租转让或投资入股开发，以鼓励进城农民承包地逐步向种田大户集中，促进土地逐步实现规模经营。对于农民的承包地和宅基地，有条件的地方，可按级差地租收益折成一定的比例调换城镇规划区内的土地，作为进城农民的居住、经营用地。允许进城农民利用原有宅基地按一定折算标准转换成城镇住宅用地，或在购买商品房时给予适当优惠。支持少数有条件的村庄整体搬迁到小城镇，在购房建房用地上实行相应的优惠，将原有村庄用地进行复垦和整理等。

### （二）增加农村投资，加快农村基础设施建设

针对我国农村基础设施建设落后的现状，首先需要依靠政府转移支付支撑农村公共服务基础设施投资，加快推进交通、水利、能源、网络等基础设施建设，以达到城乡公共服务均等化为目标，实现农村消费升级的物质基础。其次要支持和促进农村的产业升级，吸引私人资本进入农村，并积极引导私人投资进入农村基础设施领域。最后要加强城乡统筹，引导城乡人口互动，借此实现城市和农村消费行为的交互，促进城乡消费升级。

## （三）发挥城市化的消费提升效应，推进人口城市化向消费城市化转变

以户籍制度为基础、导致城乡隔离的就业、教育、医疗、社会保障等制度是城市化的根本障碍。要鼓励农村劳动力向城市流动，发挥城市化的消费提升效应，必须推动户籍制度改革，实行不同规模城市差别化落户政策。废除以户籍制度为核心的传统城乡分割制度，建立符合国情的适应市场经济发展的现代城乡户籍管理制度。对各类小城镇取消户籍限制，敞开小城镇大门，实行按居住地划分城镇户口。可规定为当地经济作出贡献的长期居留人士即可取得常住户口，和当地的永久性居民一样，享有完全等同的权利与义务。通过这些努力，把有能力、有意愿并长期在城镇务工经商的农民工及其家属逐步转为城镇居民，使其享受市民待遇，并注重培养和引导其消费方式、消费理念的提升，实现人口城市化向消费城市化转变。

## （四）推进社会保障制度改革，优化农村人口向城市集中的体制环境

有必要建立覆盖城镇所有居民的新型社会保障体系，包括针对城镇各种所有制企业所有职工的社会养老保险制度；建立进城农民的失业保险机制，以其在农村的集体土地承包权进行流转所获收入，作为失业保险的个人账户资金，进城就业后再逐步由工作所在单位或雇主按规定缴纳。进城农民的最低生活保障，也应逐步纳入城镇居民最低生活保障线体系。通过加强城镇公共设施建设、完善城市功能、提高社会就业能力、规范社会用工行为，逐步淡化土地的生存保障功能，增强农民工的消费能力，使农民敢于和愿意离开土地，真正融入到城镇生活中来，和城镇居民共建共享城市现代文明，以促进和加快农民

的市民化进程。

**（五）大力发展素质教育和职业教育，为市民化进程提供智力支持**

从城市化的角度，重新审视现有的教育、文化、医疗等公共基础设施的建设水平，增大公共支出和转移支付的力度，尤其是应把教育工作放到重要位置上来抓，全面提高劳动者素质，实现传统农民向现代劳动者的转变。首先，坚持不懈地抓好农村"两基"工作，改善农村的办学条件，保障农村儿童享有平等受教育的权利，并逐步普及农村高中阶段教育，使新一代农民彻底摆脱知识贫乏的困扰。其次，大力发展面向农村的职业教育，政府要加大投入和补贴力度，降低受教育成本，使越来越多的农村新生劳动力在走向社会时就有一技之长。最后，城镇劳动部门要积极开展对进城务工农民的劳动技能培训，进一步提高他们在城镇就业的工作能力。

# 三、加快供给侧改革，推进工业转型升级

发挥消费对增长的基础作用，不仅要适度扩大总需求，还要着力加强供给侧结构性改革，着力提高供给体系质量和效率。从工业部门看，应当在坚持创新驱动，推动产业结构向中高端迈进；强化产品创新能力；实施"互联网+"战略，推动制造业由生产型向生产服务型转变；实施工业强基工程，开展质量品牌提升行动等方面制定实施相应政策。

**（一）坚持创新驱动，推动产业结构向中高端迈进**

把增强创新能力放在最重要的战略位置。围绕"两化"深

度融合需要，争取在集成电路、新一代移动通信、重大装备、智能机器人等领域，有重点、有选择地突破一批基础共性和核心关键技术，提高工业基础能力与国产智能技术、产品和装备水平。着力健全国家制造业创新网络体系，支持众设众包、技术创新、业态创新、商业模式创新等多元创新发展，加快推动工业从要素驱动、投资驱动向创新驱动转型，培育壮大产业竞争新优势。高度重视智能技术、物联网、新能源、低碳等技术进步对原有产业边界和运行机理的突破，促进工业化和信息化的深度融合，创新产品，创新供给，引领需求，开拓新的消费领域，发挥新技术、新理念对消费需求的导向和引领作用。优化产业结构，发现培育工业领域新增长点，将有潜力的新兴产业加快培育成为主导产业。运用先进适用技术和高新技术改造提升传统产业，通过增量投入带动存量调整，优化工业投资结构。

**（二）抓住消费升级的历史契机，不断强化产品创新能力**

新常态下，城乡居民消费的重心不断从数量追求转向品质提升，从追求物质消费向追求精神消费和服务消费转变，个性化、多样化消费渐成主流，这为企业拓展和丰富产品内涵，适时开发新产品提供了充足的市场空间。获得强大产品创新能力的根本在于以市场驱动、技术引领和商业模式创新为路径，实现创新超越战略，构建差异化竞争优势。在创新思路上要在重新梳理战略理念、导入新的工艺流程和技术基础上，以更多符合消费者需要的高附加值产品来取代传统的落后产品，推动新业态、新产业的分化孕育，变低端市场的"红海"为中高端市场的"蓝海"。也就是深入了解和把握用户的痛点和兴奋点，找准核心需求，通过提升用户体验，努力创造新需求和新市场。在产品创新过程中，要建立多元化的需求洞察系统，及时捕捉、把握潜在的市场需求，坚持以需求为导向的市场化创新。要强化自主创新和技术进步在产品创新的引领作用，通过跟踪把握技术与市场的发展趋势，坚持技术积累，努力突破制约产品创新的关键核心技术。通过业务聚焦和组织优化，加强技术、人才、文化、机制、市场、模式、产业链合作等方面的协同配合，提高基于市场驱动和需求导向之上的技术响应和产品开发能力，形成技术与市场的充分、有效对接。

**（三）实施"互联网+"战略，推动制造业由生产型向生产服务型转变**

"互联网+"战略的实质是生产方式和经营模式的创新，也就是基于移动互联网、云计算、大数据、物联网等新技术的应用，突破外部资源利用的时空界限，对产品设计、品牌推广、营销方式、渠道物流、支付结算、售后服务等环节进行革新和重构，使企业更有效地细分市场和创造新需求，更大程度地为用户创造新价值。在创新商业模式的过程中，不仅要促进信息技术向市场、设计、生产等环节渗透，实现对原有产业边界和运行机理的突破，还要着力通过企业经营思维的嬗变（从以"我"为中心的制造型企业转向以用户为中心的生产服务型企业），引导制造业朝着分工细化、协作紧密方向发展，推动生产方式向柔性、智能、精细转变，在多维度上努力延伸产业价值链。首先，从生产加工跨界拓展为流程控制、产品研发、市场营销、客户管理等生产性服务，向服务提供商转型。其次，利用产业波及效应捕捉新需求、创造新价值，如不能把产品仅仅看成一个实物产品，而要把产品消费视为一种生活方式，深度挖掘其后的文化内涵，以获取新的发展空间。再次，用新技术提高现有服务方式及水平，创造新的附加价值，如海尔用大数据建设客户互动平台，大大加强了与消费需求的对接能力和效率。最后，构建外部合作体系，针对目标用户的多维需求，与其他企业共享用户资源和信息，协作提供更完整、有效的价值。

### （四）实施工业强基工程，开展质量品牌提升行动

近年来，随着我国居民出境人数的快速增长，境外消费规模也屡创新高。这既是我国经济发展和居民消费水平提高的结果，也与"中国制造"质量和品牌不足、长期被挤压在全球价值链底端、不得不依靠低成本竞争的发展实际密不可分。质量是企业的生命，品牌是企业的灵魂。中国企业要有效适应消费升级的变化趋势，激活、引领和创造潜在需求，必须大力实施质量和品牌战略，不断提高产品附加值和竞争力。质量提升和品牌建设是一项长期的基础性工作。首先，要支持企业瞄准国际同行业标杆推进技术改造，全面提高产品技术、工艺装备、精益制造、过程控制、能效环保等水平。其次，要严格企业质量主体责任，推广先进质量管理方法和质量管理体系认证，推动企业建立全员、全方位、全生命周期的质量管理体系。最后，组织开展关键原材料和基础零部件的工艺技术、质量与可靠性攻关，加强重大装备可靠性设计、试验与验证技术研究，提高产品内在质量和使用寿命。品牌培育是企业创新发展的重要体现，既需要企业有"十年磨一剑"的执着与专注，也离不开外部的引导与扶持。鼓励企业制定品牌发展战略，支持企业通过技术创新掌握核心技术，培育一批有影响力的知名品牌。设立专门引导资金（基金），用于对影响大、带动作用强、具有示范效应的质量型、品牌型企业的贴息或补助。制定品牌评价国际标准，推动建立国际互认的品牌评价体系。对达到一定

规模和影响的品牌经营企业可认定为高新技术企业，享受相应的税收优惠政策。

## 四、改革政府对产业发展的调控方式

工业转型发展不仅意味着企业在技术、产品、管理和商业模式等方面的转型升级，也要求政府对产业发展的调控和干预进行相应的转型和完善。

### （一）充分发挥政府的战略、规划、政策等作用，加强对产业运行的监测分析

市场经济是法制经济。在新常态下，有效促进工业转型发展，必须充分发挥战略、规划、政策的引导作用，发挥技术标准、法律法规和市场机制的约束作用。与此同时，还要有效抑制地方政府投资冲动，坚决实行政企分开、政资分开、政事分开、政府与市场中介组织分开。全面推进依法行政，建立健全针对政府及政府部门运作行为的行政法规体系，对政府机构的职能、权限以及对市场运行的管制和干预给予明确的法律监督和规范。改革干部政绩考核和提拔任用体制，不断完善优化政绩评价体系。规范发展地方政府融资平台，建立健全风险预警机制，完善地方财政的偿债机制。建立判断产能过剩衡量指标和数据采集系统，健全投资信息发布制度，及时发布政府对投资的调控目标、主要调控政策、重点行业投资状况和发展趋势等信息，引导社会投资结构和方向，减少由于信息不对称造成的投资浪费。加强产业政策与财政、信贷、土地使用以及价格、对外经济合作和贸易等政策的协调配合，特别要制止用压低土

地价格、降低环保和安全标准等办法招商引资、盲目上项目。

### （二）运用市场机制化解产能过剩，完善企业援助退出机制

当前，系统性产能过剩的根源仍然在于体制机制的缺陷，导致市场机制难以在调整过剩产能、协调供需平衡、淘汰落后企业和产能、促进产业转型升级等方面发挥基础性决定作用。因此，化解产能过剩的根本路径依然是通过深化体制改革和机制创新，厘清政府和市场的边界，凡是市场和企业能决定的都交给市场和企业，政府则对产能进行科学引导，坚持依靠市场竞争实现优胜劣汰。首先要加快要素市场改革，重点推进土地制度改革，理顺土地市场的价格形成机制，从根本上杜绝地方政府以低价甚至零地价供地方式为企业提供补贴。其次要推动金融体制改革，依靠利率市场化，使利率能真正反映资金成本与风险成本。再次要通过调整财税体制特别是中央与地方之间的利益分配关系，使财权与事权相对应，弱化地方政府干预企业投资的内在动力。最后要加快环境保护的执法机制改革，保障环境保护相关法规能得以严格执行，防止地方政府以牺牲环境的方式对企业进行补贴。对产能严重过剩的行业，基于市场公平竞争条件下的产业竞争力提升与结构转型是化解和调整过剩产能的重要方式。产业政策也需要从强烈干预市场和限制竞争，相应转向放松管制与维护公平竞争。针对产能过剩行业的援助退出政策，不应以出资方为援助对象，更不应以奖励退出为手段，而要把重点放到援助劳动力转移与人力资源再开发，以及支持技术创新和管理创新上来。

### （三）行业协会应在转型升级中发挥更大作用

在新常态下，行业协会在促进企业开拓国内市场、推动产业转型升级中具有不可替代的引导和协调作用。首先，行业协

会应发挥监测、预警、预测等信息发布以及会展、培训、咨询等服务功能。其次，行业协会介于政府和企业之间，可以发挥固有的沟通和协调职能，在充分争取政府资源的同时，积极整合调动企业资源，采取适宜的合作模式，打破束缚行业市场拓展和转型升级的人才、技术和关键零部件等瓶颈，解决核心技术和关键零部件缺失、中高级技工匮乏等问题；面对社会公众和消费者，行业协会作为相关企业共同利益的代表，可以策划组织系列公益性活动（如公众人物使用国产品牌），逐步提高国产品牌的整体市场形象。最后，行业协会还要通过健全完善行业治理机制，强化行业自律意识，在解决无序竞争、过度竞争等问题上发挥应有的作用。

**（四）进一步规范竞争秩序，营造公平公正的竞争环境**

竞争是市场经济的灵魂。在有序竞争状态下，优胜劣汰成为市场竞争常态，则会强化企业依靠新技术、新产品、高质量和强势品牌取胜的发展动力，也有利于提振消费信心，提高消费倾向，扩大消费需求。规范竞争秩序除了要完善竞争法律法规体系之外，重点是强化执法监督，提高执法效率。发挥消费对增长的基础性作用，还应当推动经济政策的重心由"生产者优先"（即优先考虑生产者利益、支持生产者）转为维护消费者权益，通过切实维护消费者权益与"顾客驱动机制"，推动产品质量、产品功能与产品附加值的提升。首先，要在"衣食住行"等基础消费领域，完善市场监测体系和公共服务平台，加大对产品质量尤其是食品安全的监管力度。其次，加快质量诚信体系建设，推进企业质量信用信息公开和企业质量信用分级分类管理，建立质量失信"黑名单"制度。最后，要加强知识产权运用和保护，完善品牌保护的法律法规，强化品牌维权机制，健全品牌创新的激励机制。对虚假广告、制假售假、商业欺诈等恶性不正当竞争行为，从法律上规定其承担"加重民事责任"或"惩罚性民事责任"，明确加重或惩罚赔偿的幅度。

**参考文献**

［1］范剑平、向书坚：《我国消费结构升级与产业结构升级的两个时差》，《管理世界》，1994 年第 11 期。

［2］黄卫挺：《居民消费升级的理论及现实研究》，《科学发展》，2013 年第 3 期。

［3］江飞涛：《化解产能过剩要建立长效机制》，《经济日报》，2013 年 8 月 2 日。

［4］刘勇：《为转型升级构筑坚实的需求基础》，《经济日报》，2014 年 12 月 16 日。

［5］苗圩：《打造新常态下工业升级版》，《求是》，2015 年第 1 期。

［6］许宪春：《2014 年中国经济形势分析与 2015 年展望》，《全球化》，2015 年第 3 期。

［7］中国（海南）改革发展研究院课题组：《我国消费结构升级：生存型消费转向服务性消费》，《上海证券报》，2015 年 4 月 4 日。

［8］邹蕴涵：《2014 年中国消费形势分析与 2015 年展望》，《发展研究》，2014 年第 12 期。

# 后　记

　　本书是中国社会科学院创新工程"扩大内需与工业转型发展研究"（GJSCX2013-02）的阶段性成果，也是中国社会科学院工业经济研究所推出的《中国产业智库报告》系列成果之一。参加本书初稿撰写的作者是：第一章：刘勇；第二章：胡文龙、刘勇；第三章：王建武、葛健；第四章：刘勇、耿强、江飞涛；第五章：刘勇；第六章：彭绍仲、刘勇；第七章：柴梦婕、吕宁、刘勇；第八章：刘勇、江飞涛。史耀庭参与了调研，并做了资料搜集和数据处理工作。全书由刘勇审定和统稿。

　　在本课题研究过程中，我们得到了中国轻工业联合会王世成副会长、中国钟表协会汪孟晋副理事长、中国自行车协会马中超理事长、中国文体用品协会易晓俐副理事长、中国轻工业联合会信息中心郭永新副主任的积极协助和鼎力支持，得到了美的电器、格力电器、罗西尼表业、深圳天王表业、深圳格雅表业、山东泰山体育、宁波得力集团、宁波贝发集团、威海光威集团、北京碧海渔具等调研企业的热情接待和全力配合。这些拼搏在改革发展一线的实干者们所贡献的真知灼见给我们以极大的启发，也使我们更深刻地认识到这项研究的意义和价值所在。

感谢中国社会科学院工业经济研究所所长助理、科研处处长张其仔研究员和王楠同志为本书出版所做的努力。本书出版得到了中国社会科学院哲学社会科学创新工程学术出版资助和经济管理出版社的大力支持，编辑申桂萍女士付出了大量的心血，谨此一并表示衷心的感谢。我们热切地希望读者提出批评和指正，也希望本书能对理论和实际工作者探讨消费升级和工业转型发展有所裨益。

**刘 勇**

2015 年 11 月 25 日

后记

203

**图书在版编目（CIP）数据**

新常态下的消费增长与工业转型发展/刘勇等著. —北京：经济管理出版社，
2015.12

ISBN 978-7-5096-4206-1

Ⅰ. ①新…  Ⅱ. ①刘…  Ⅲ. ①消费—关系—工业发展—研究—中国
Ⅳ. ①F126.1 ②F424

中国版本图书馆 CIP 数据核字（2015）第 307813 号

组稿编辑：申桂萍
责任编辑：梁植睿
责任印制：黄章平
责任校对：张　青

出版发行：经济管理出版社
　　　　　（北京市海淀区北蜂窝 8 号中雅大厦 A 座 11 层　100038）
网　　　址：www. E-mp. com. cn
电　　　话：（010）51915602
印　　　刷：三河市延风印装有限公司
经　　　销：新华书店
开　　　本：787mm×1092mm/16
印　　　张：14
字　　　数：155 千字
版　　　次：2015 年 12 月第 1 版　2015 年 12 月第 1 次印刷
书　　　号：ISBN 978-7-5096-4206-1
定　　　价：48.00 元